Publier sur

KDP Amazon

de

Patrick Degand

Avant-propos

Les motivations pour écrire peuvent être multiples. Écrire un roman démange certains. Pour d'autres, rédiger un guide sur leur hobby sera un sujet incontournable.

La façon d'écrire diffère d'un cas à l'autre, mais pour finaliser un livre, certaines règles sont à respecter.

Dans cet ouvrage, je ne vais pas vous apprendre à écrire, mais plutôt à découvrir les bonnes pratiques depuis la rédaction jusqu'à la réalisation et surtout la publication du livre que vous avez écrit.

La première étape sera la réalisation du texte que dans le jargon, on appelle le manuscrit bien qu'il soit de plus en plus souvent réalisé sur ordinateur.

Ensuite, une fois le texte terminé, je vous expliquerai la mise en page du manuscrit. Il s'agit d'une étape importante, car elle est indispensable à la réussite commerciale de votre livre.

Je passerai ensuite en revue les autres éléments à respecter pour que votre livre ait un aspect professionnel

Ensuite nous décrirons les phases de la publication en tant qu'auteur auto-édité.

Il y a beaucoup de chausse-trapes qu'il vaut mieux éviter dans ce parcours de l'édition. Avec ce livre je me propose de vous les indiquer afin de gagner du temps et d'éviter de perdre des lecteurs en chemin.

Table des matières

Avant-propos..3
Avant la Publication...9
   L'écriture du livre..9
   Combien de pages ?...11
   Que recherche un lecteur ?..13
   La correction..15
   La mise en page...17
      La police..17
      La taille de caractère..17
      L'interligne..18
      Les espacements...18
      Les alinéas..18
      La justification..18
      Les titres et sous-titres.......................................18
      Les marges..19
      Début de chapitre...19
      La numérotation des pages................................20
      La table des matières...20
   La relecture..21
      Le rôle du bêta lecteur.......................................22
   La couverture du livre..23
      Attrayante..24
      Retenir l'attention...24
      En rapport avec le genre du livre......................25
      Photo ou dessin...25
      Le dos du livre..26
      La 4ème de couverture.......................................27
      Conseils pour faire sa couverture soi-même......27
      Comment réaliser une couverture......................28

- Faire réaliser une couverture par un artiste indépendant 30
- Ajout de pages dans un livre broché 31
- Le titre 32
- La description 34
- La publication 37
  - Comment publier ? 37
    - Se créer un compte chez KDP 37
    - Créer un livre 37
    - Les informations du livre 38
    - Utiliser un pseudo 40
    - Le contenu du livre 40
    - Publier en couleurs ou en noir et blanc 41
    - Prix et Marchés 43
    - Créer la version ebook ou brochée 44
  - Apprentissage 45
    - Aide de KDP 45
    - Recherche dans l'aide 45
    - La communauté 46
    - Le forum anglais 46
  - Livre numérique et livre papier 47
    - Le livre numérique 48
    - Le livre broché 50
  - Fixation du prix et redevance 51
    - L'e-book 51
    - Pour le livre broché 53
    - Comment déterminer le prix de son livre ? 54
    - L'erreur à ne pas faire 56
  - Stratégies de prix 57
    - Le prix du livre numérique 57
    - Le prix du livre papier 58
- Après la publication 61
  - Combien de temps pour voir son livre ? 61

- Obtenir une copie de son livre..61
  - Un livre numérique..61
  - Un livre papier..62
- Lier le livre numérique et le livre papier..............................63
- Fonction Feuilletez..63
- Modifier les catégories...63
- Les évaluations...66
- Comment obtenir des évaluations...................................68
- Activer la page auteur..69
- Apporter une correction à son livre................................70
- Dé-publier un livre..71
  - Pourquoi dé-publier un livre ?..71
  - Comment dé-publier ?..71
  - Si vous souhaitez republier le livre................................72
  - Relier les livres..72
  - Récupérer les évaluations...72
- Connaître les acheteurs de son livre..............................72
- Le piratage du livre...73
- Les livres et la loi...74
  - La loi sur le prix du livre..74
  - Le dépôt légal..74
  - La loi sur le prix d'expédition..75
- KENP ou pas ?..75
- Interprétation des pages lues avec KENP......................77
- Saisonnalité des ventes...78
- Le suivi des ventes...79
- Quand êtes-vous payé ?..82
- Les ventes annulées..82
- Le meilleur moment pour publier....................................83
- Le rôle de KDP..84
- Mon prix de vente a baissé. Pourquoi ?.........................86
  - Pourquoi Amazon baisse-t-il le prix ?...........................87

La promotion du livre..87
    Le bouche à oreille...88
    Les réseaux sociaux...88
    Un site internet ou un blog................................89
    Les mailings..90
    Les foires aux livres...90
    Le dépôt en librairie..91
    Les médias..92
    Ce qui n'est pas possible sur Amazon..............92
La durée de vie d'un livre..93
Les problèmes liés à Amazon....................................95
La publicité..95
Les autres canaux de distribution..............................98
    La distribution étendue.....................................99
    Pourquoi publier sur d'autres plateformes ?....99
    Conditions pour utiliser d'autres plateformes...100
    La vente de livres en direct.............................101

Avant la Publication

L'écriture du livre

Pour écrire un livre, vous n'avez pas besoin de logiciels sophistiqués. Un simple traitement de texte comme Word ou même Libre Office suffit pour réaliser votre manuscrit. Oui, bien qu'aujourd'hui tous les livres sont enregistrés tôt ou tard sur un traitement de texte, le monde de l'édition appelle toujours le texte non publié un manuscrit.

Pour la réalisation du manuscrit, je ne vais pas vous donner de conseils.

Pour un roman, certains auteurs élaborent un plan précis, font des fiches pour chaque personnage et se tiennent à ce canevas jusqu'à ce que leur roman soit terminé.

D'autres au contraire, ont vaguement un plan en tête et commencent à écrire. Le plan évolue au fil des chapitres et de leur imagination.

Les premiers auteurs ont plutôt une âme d'architecte, avec un plan structuré tandis que les seconds sont plutôt des jardiniers qui aménagent leur travail au fil de leur imagination. Les deux méthodes sont respectables et chacun choisira celle qui lui convient le mieux selon son tempérament et son état d'esprit.

Pour écrire un livre pratique, ce que l'on appelle parfois un guide ou un livre de non fiction, il est préférable d'établir un canevas dès le départ, au moins les têtes de chapitres et de les ordonnancer dans un ordre logique. Il n'est pas important de les rédiger dans l'ordre. Ce canevas n'est d'ailleurs pas immuable et vous avez toujours le loisir de rajouter des chapitres selon l'inspiration que vous éprouvez en écrivant ou les recherches que vous effectuerez en cours de rédaction de votre livre.

En rédigeant votre ouvrage, le plus important est d'écrire et d'avancer. Certains se donnent un objectif de mots ou de pages par jour.

Il est surtout important d'écrire chaque jour, dans un endroit calme, sans distractions. Pour certains, la musique est un adjuvant, d'autres souhaitent au contraire un calme total.

Ne vous préoccupez pas de corrections à ce stade : les mots manquants, les fautes d'orthographes, l'absence de ponctuation, les répétitions de mots n'ont pas d'importance. Ces corrections seront traitées à un stade ultérieur.

Retenez ceci : ce qui compte c'est la régularité dans l'écriture et la progression dans la rédaction du livre. Il vaut mieux écrire mille mots tous les jours, qu'une fois trois mille mots et ne rien faire le lendemain.

Combien de pages ?

Il n'y a pas de règle pour le nombre minimum de pages.

D'abord, le nombre de pages ne signifie rien puisqu'il dépend de la police que vous choisissez. Un Times roman 10 ou un Libre sans serif 12 ne donneront pas le même nombre de pages.

Le type d'interligne (sans, simple ou double) ou la largeur des marges et surtout la taille de la page du livre final vont influencer le nombre de pages.

Dans le monde de l'édition, on compte en mots et certains comptent même en caractères. Chaque traitement de texte possède une fonction qui calcule le nombre de mots. En police Libre sans Serif 13 avec un simple interligne, 250 mots feront une page.

Selon le nombre de pages, on peut classer les livres :

Moins de 1 000 mots, il s'agit d'un récit court.

De 1 000 à 10 000 mots, on parle d'une nouvelle,

De 10 000 à 50 000 mots, d'une novella,

Au-delà de 50 000 mots, le texte peut être qualifié de roman.

Maintenant, la façon d'aborder le sujet diffère d'un type de livre à l'autre. Dans une nouvelle, vous passerez moins de temps à décrire les personnages ou les lieux de vie.

Dans un roman, par contre, les descriptions seront plus longues et plus précises. Le temps de l'action s'allongera. Le roman se prête mieux que la nouvelle à l'écriture d'une saga familiale sur trois générations.

La publication de récits courts ou de nouvelles nécessite souvent d'en réunir plusieurs pour avoir un nombre de pages suffisant pour constituer un livre.

Un blogueur curieux et probablement amateur de statistiques a cherché à déterminer la longueur idéale d'un livre en fonction du genre. Il a analysé les cent livres se vendant le mieux pour le livre policier, les nouvelles, les romances, la Fantasy, l'érotisme et les fictions historiques.

Voici le résultat de son enquête. Le nombre de mots pour un Top 100 sur Amazon est le suivant :

- ➢ 91.000 mots en policiers et thrillers,
- ➢ 109.000 mots en Fantasy,
- ➢ 58.000 mots en érotisme,

- ➢ 30.000 mots pour les nouvelles,
- ➢ 102.000 mots pour les fictions historiques,
- ➢ 90.000 mots pour les romances.

Bien sûr ces chiffres ne sont pas la garantie d'un succès, mais ils représentent une tendance par genre à laquelle les lecteurs sont habitués.

Pour publier une livre papier, encore appelé broché, chez KDP, le nombre minimum de pages est 24. Le maximum dépend du format du livre, mais ne pourra pas excéder 828 pages. Au delà de ce nombre, il faudra jouer sur la taille de police, l'interligne ou les marges. Une dernière possibilité est de diviser le livre en plusieurs tomes et d'en faire une série , ce qui semble la meilleure solution.

En e-book, il n'y a pas de limitation.

Que recherche un lecteur ?

Pour écrire un livre qui rencontre le succès, certains ingrédients sont indispensables :

- ➢ procurer du plaisir : la lecture doit rester un plaisir. Quelque soit le genre que vous abordez, le plaisir de lire doit être au rendez-vous. Cela concerne bien évidemment le sujet, l'intrigue, le récit mais aussi l'orthographe et la mise en page.

- apprendre quelque chose : Cet élément est primordial pour les livres de non fiction où vous abordez un sujet pratique. Le lecteur cherche à découvrir le sujet abordé et aussi à obtenir des réponses aux questions qu'il se pose. Pensez-y avant d'écrire et de procéder au découpage de votre livre pour aborder les thèmes légitimes sur lesquels le lecteur s'interroge à propos du sujet de votre ouvrage.

- donner un éclairage nouveau : sortir des entiers battus est aussi une façon titiller l'intérêt du lecteur. Développer tous les aspects d'une question est intéressant de ce point de vue. Cela permet d'ouvrir de nouveaux horizons à vos lecteurs, de les faire réfléchir et par conséquent de leur apporter de nouvelles idées.

Au moins un de ces éléments doit être présent pour répondre à l'attente du lecteur. Si vous en rencontrez plusieurs, alors vous avez les meilleures chances de connaître la réussite.La ré-écriture

Cette phase est très importante. Elle consiste à relire le livre et à noter toutes les imperfections dans le récit. Incohérences, amélioration du style, suppression de passages inutiles …

À ce stade, on ne corrige pas encore la mise en page ou l'orthographe. On se focalise sur le récit pour l'améliorer, le rendre plus vivant, mieux écrit.

À certains endroits, le travail à accomplir est parfois important. Il n'est pas obligatoire de le faire immédiatement.

Prenez-en note, si vous travaillez sur une copie papier ou si vous relisez le fichier, ajouter un encart en italique par exemple avec l'amélioration envisagée.

Une note ou un encart est aussi utile si vous hésitez entre deux options à apporter.

Ce travail de ré-écriture est parfois assez long, vu que la première écriture a été spontanée et visait à garder un rythme. Ce type d'écriture entraîne beaucoup d'imperfections qu'il faut reprendre par la suite.

Il est cependant essentiel pour la qualité du style et le rythme du roman. Même si cet exercice est parfois ardu et prend du temps, ne le négligez pas.

La correction

Une fois le livre terminé, vous pouvez passer à la phase de correction proprement dite.

Tout d'abord l'orthographe. Ici un bon correcteur orthographique s'impose. Les correcteurs intégrés dans les traitements de texte peuvent sans doute un peu aider, mais n'ont pas une précision suffisamment grande pour tout corriger. Ils trouveront les fautes de frappe, les erreurs grossières d'accord, mais ne suffisent pas pour apporter toutes les corrections telles que accords de participes passés, concordance de temps ... De plus, ils ne détectent pas les homonymes (foi, foie, fois par exemple).

L'idéal est d'investir dans un correcteur digne de ce nom. Le logiciel Antidote est à mon avis le meilleur pour la langue française.

Ayez aussi une grammaire à votre disposition. On a tous ce genre de livre qui traîne dans un coin oublié de la bibliothèque, voire même au grenier. C'est le bon moment pour lui redonner une deuxième vie et de redécouvrir ces règles apprises dans notre jeunesse.

Au-delà de l'orthographe, pensez aussi à la ponctuation, à la concordance des temps et aux accents. Rien n'est plus désagréable pour le lecteur que de parcourir un texte où l'on retrouve une faute à chaque paragraphe.

Cette remarque vaut bien sûr aussi pour la description de votre livre ainsi que pour la quatrième de couverture. Ce sont les éléments qui sont pris en compte par le candidat acheteur. La moindre impression négative sera suffisante pour le faire changer d'avis et acheter un autre livre.

Une seule règle à retenir : tout doit être simplement parfait.

A ce stade, il est parfois utile de travailler sur une copie papier de son livre, certaines fautes apparaissent plus facilement sur papier qu'à l'écran.

La mise en page

Cet aspect est souvent négligé par les auteurs auto-édités. Probablement, car il s'agit de règles professionnelles auxquelles ils ne sont pas habitués.

La mise en page c'est l'aménagement du texte pour qu'il soit agréable à lire. Il n'y a pas une seule présentation standard, mais il convient de faire attention à certains éléments qui rendent la présentation professionnelle et agréable à lire.

La police

C'est une question de goût. Pour les livres numériques, ne cherchez pas une police compliquée, car le lecteur peut la changer sur sa liseuse ou sa tablette en fonction de ses habitudes et préférences..

Par contre, pour un livre papier (les pros l'appellent un livre broché), le choix vous incombe. Évitez les polices Arial ou Times new roman qui sont trop conventionnelles. Des polices agréables sont Georgia (attention les chiffres sont petits) ou Garamond ou Baskerville. J'aime aussi la Libération Serif avec laquelle ce livre est écrit.

La taille de caractère

Une taille de 11 ou 12 est généralement agréable.

Vous trouverez à la fin de ce livre, des exemples de différentes polices et de tailles de caractères pour faire une idée et choisir celle qui vous plaît le plus.

L'interligne

Sans interligne, le texte est trop dense. Choisissez un interligne plus espacé. Le texte de ce livre a un interligne de 1,15.

Les espacements

Prévoyez un espacement avant le paragraphe et également avant le texte de la première ligne.

Les alinéas

Une composition est dite en alinéa lorsque la première ligne du paragraphe est en retrait. Un alinéa de 5 à 8 millimètres est suffisant.

La justification

La justification du texte permet l'alignement des paragraphes à gauche et à droite en insérant des blancs au milieu de la ligne. C'est imperceptible mais assure une présentation professionnelle et facilite la lecture.

Les titres et sous-titres

Utilisez les styles et formatages de votre traitement de texte pour les titres et les sous-titres. Si vous voulez aérer avant un titre par exemple, n'insérez pas de blancs avec le retour chariot (la touche entrée), car cela sera mal interprété quand vous voudrez charger votre livre. Utilisez le style pour insérer un espacement au-dessus de votre titre.

Une bonne utilisation des titres et sous-titres, vous permettra aussi de facilement produire une table des matières si vous le désirez.

Les marges

Il est recommandé d'avoir des marges intérieures (à l'endroit où le livre est relié) plus grandes que les marges extérieures. La combinaison des deux marges intérieures s'appelle la gouttière.

La raison d'avoir des marges intérieures plus grandes est de permettre une lecture plus aisée du texte sans devoir casser la reliure. Au plus le nombre de pages de votre livre est élevé, au plus cette marge intérieure est importante.

Notons aussi que des marges extérieures trop étroites donnent moins de confort de lecture.

Des marges étroites donnent à votre livre un aspect livre de poche où le côté économique est privilégié par rapport à l'aspect confort de lecture.

Début de chapitre

Si vous observez la mise en page d'un livre, vous noterez que souvent les chapitres commencent sur une page de droite. Celle-ci est appelée la « belle » page par opposition à la page de gauche appelée la « vilaine » page.

Si un chapitre se termine sur une belle page, l'éditeur ajoute un saut de page pour que le chapitre suivant commence sur une page de droite.

Notez que cette habitude est une convention que l'on retrouve surtout sur les livres européens et qui est d'ailleurs de plus en plus battue en brèche, notamment par les éditeurs de livres de poche, ici aussi pour des raisons économiques.

Les livres anglo-saxons sacrifient peu à cette règle. Libre à vous de l'appliquer ou non.

La numérotation des pages

Aussi appelée le foliotage, la numérotation des pages se fait généralement en bas de page au centre.

Les pages de droite portent un numéro impair.

La table des matières

Une table des matières est aussi un élément important d'un livre. Particulièrement pour un livre de non-fiction, car elle permet de retrouver facilement une partie du livre en cas de recherche ultérieure.

Avec les traitements de texte, il est très facile de constituer une table des matières si vous avez donné un style de paragraphe aux différents titres qui doivent être insérés dans la table des matières.

Pour un roman, on ne retiendra que les parties et les chapitres. Pour un guide, l'arborescence pourra être définie plus en détail et aller jusqu'à trois voire quatre niveaux.

Pour un livre papier, insérez aussi le numéro de page où commence le chapitre ou paragraphe. Cela facilite la recherche par le lecteur.

Dans le cas d'un livre numérique, le numéro de page n'a pas de sens puisque la taille d'une page à l'écran dépend du support de lecture et de la taille de caractère que le lecteur peut modifier selon ses désirs.

Si vous modifiez votre livre par la suite, pensez à mettre à jour la table des matières afin d'intégrer les nouveaux chapitres ou paragraphes et les modifications de pages éventuelles.

Un dernier conseil : pour un livre de non fiction, insérez la table des matières au début du livre. Ainsi, le lecteur peut se rendre compte du contenu de votre livre et des sujets que vous abordez.

La relecture

Pour arriver à un bon résultat, vous devrez sacrifier à quatre ou cinq relectures. Aussi longtemps que vous trouvez des imperfections, vous devez continuer.

Pendant la relecture, vous faites la chasse aux répétitions, vous pointez les incohérences. C'est le moment aussi pour enrichir le vocabulaire et soigner le style. Prêtez attention aux descriptions (y-en a-t-il assez ou au contraire trop longues et ennuyeuses).

Quand vous êtes satisfait de votre travail, je vous conseille de passer à la relecture par des bêta lecteurs.

Le rôle d'un bêta lecteur ne se limite pas à l'orthographe. Il peut aussi noter les passages ennuyeux ou redondants, relever les incohérences, ...

Choisissez un ou des lecteurs en qui vous avez confiance et surtout qui n'hésiteront pas à vous communiquer leurs impressions. Demandez-leur la vérité et surtout acceptez leur critique.

A vous de voir ce que vous intégrerez de leurs commentaires.

Les éventuelles fautes d'orthographes, certainement. Les incohérences sans doute. Les appréciations sur l'intrigue et sur le style ne sont pas toujours faciles à corriger. Voyez d'abord si c'est justifié et ensuite prenez-les en compte.

Le rôle du bêta lecteur

Voici cinq objectifs que le bêta lecteur doit avoir à l'esprit lors de sa lecture.

Repérer les incohérences

En écrivant, l'auteur attache beaucoup d'importance au récit et parfois cela peut créer des incohérences. Chronologie non respectée, descriptions de personnages qui évoluent au fil du livre ...

Vérifier le rythme du récit

Une lecture indépendante permet aussi de s'assurer du rythme de l'histoire. Ce travail est difficile pour l'auteur qui connaît l'histoire . L'identification des parties avec manque de rythme, voire superflues permet à l'auteur une réécriture qui peut densifier le récit.

Identifier les pistes d'amélioration de style

Cela nécessite une grande honnêteté et franchise du lecteur pour communiquer à l'auteur ses travers, défauts et redites. La diplomatie dans la communication permet cependant de contribuer à l'amélioration du style.

Analyser les personnages

Des personnages crédibles et typés sont souvent des facteurs de succès d'un bon livre. Ici aussi, un lecteur qui a du recul par rapport à l'auteur peut contribuer grandement à l'amélioration d'un livre.

La couverture du livre

Je ne dirai jamais assez l'importance de la couverture du livre. La première chose que voit votre lecteur, c'est la couverture. C'est d'autant plus vrai si vous faites de la publicité avec Amazon Advertising, mais ceci est une autre histoire sur laquelle nous reviendrons plus tard.

La couverture doit être attrayante, retenir l'attention, être reconnaissable au premier coup d'œil et surtout être en rapport avec le genre de votre histoire.

Attrayante

Il est assez évident qu'une couverture attrayante charme l'œil. Dans la multitude des images proposées sur internet et en particulier sur Amazon, l'attrait de votre couverture est un atout de vente.

Achèteriez-vous un livre avec une couverture banale, avec une photo peu claire, un titre illisible ? Moi pas, et vous non plus sans doute.

Retenir l'attention

Ce deuxième aspect est aussi important. L'internaute va s'arrêter sur une couverture et la mémoriser. S'il recherche par la suite votre livre, cela l'aidera à s'en souvenir et à le retrouver, ce qui n'est pas toujours immédiat dans Amazon vu l'abondance et la diversité de l'offre.

Utilisez aussi une police et une couleur de titre qui lui permet de trancher : une couleur trop claire ou trop foncée par rapport au fond du titre ne permettra pas au candidat lecteur de saisir votre titre en trois secondes.

En rapport avec le genre du livre

Cet élément est primordial. Le genre du livre dépend du contenu du livre. Tout d'abord fiction, non fiction.

Pour les livres de fiction, vous avez comme genres principaux : romance, policier, science-fiction, heroic fantasy, érotique …

En non fiction, les genres sont nombreux également : biographie, essais, guide pratique …

Ce qui compte dans une couverture appropriée au genre, c'est que rien qu'en la regardant, on imagine le genre auquel le livre appartient : couple ou jeune femme pour une romance avec personnages idéalisés, vaisseaux spatiaux ou personnages futuristes pour la science-fiction, couverture sombre ou rouge sang pour un policier donnant une impression de mystère.

Je vous conseille de regarder les couvertures des grands auteurs à succès dans le genre de livre que vous écrivez. Inspirez-vous, mais sans copier de ces couvertures réalisées par des professionnels. Vous serez surpris de la simplicité de certaines d'entre elles.

Photo ou dessin

Les deux peuvent convenir. Il n'y a pas de préférence entre les deux media pour faire une bonne couverture.

Si vous la réalisez vous-même, choisissez le style où vous vous sentez le plus à l'aise.

Pour la photo, il y a les logiciels comme Photoshop ou GIMP qui sont incontournables. Ils ne sont pas vraiment intuitifs et nécessitent un apprentissage important, mais il ne manque pas de tutoriels sur internet pour se former.

En matière de dessin, certains utilisent Canva avec de la réussite.

Enfin une dernière approche consiste à faire appel à un tiers. Vous trouverez sur Fiver des propositions à des prix raisonnables (50 à 70€). Pour un professionnel, vous devrez mettre un peu plus, mais vous aurez une approche plus personnalisée. En fait, cela dépend du nombre de livres que vous espérez vendre. Si vous vendez quelques livres par mois, une couverture réalisée par vos soins est suffisante. Cela ne signifie pas qu'il ne faut pas y apporter du soin.

Au contraire si le volume de vos ventes atteint plusieurs centaines de livres, recourir à un professionnel a du sens. La difficulté pour les premiers livres est d'estimer à l'avance le succès que l'on va avoir.

Le dos du livre

Vous souhaiterez sans doute ajouter le titre du livre sur le dos du livre. Ceci n'est possible que sur des livres qui ont au minimum 79 pages. En dessous de ce nombre, vous devrez vous contenter d'un dos vierge.

La 4ème de couverture

Souvent négligée, la quatrième de couverture fait partie de la couverture.

Elle est composée de plusieurs parties :

- ➢ la biographie de l'auteur : simple et courte, elle sert à vous présenter. C'est l'occasion de vous positionner comme expert le cas échéant ou de rappeler un autre titre qui aurait reçu un prix ou même simplement connu un succès.

- ➢ une présentation du livre : surtout ne racontez pas l'histoire, juste l'introduire ou évoquer le ou les thèmes. Cela doit être accrocheur, donner envie d'en savoir plus. Lisez les 4èmes de couverture des auteurs à succès.

- ➢ En France, la loi du prix unique impose d'indiquer le prix de vente.

- ➢ KDP, la plateforme de livres d'Amazon se réserve le coin inférieur droit de la 4ème de couverture pour imprimer le code barre. Laissez donc cet espace libre.

Conseils pour faire sa couverture soi-même

Pour un e-book, c'est simple, car il n'y a pas trop de contraintes de dimensions.

Les dimensions minimales sont 1000 pixels en hauteur pour 625 pixels en largeur. Les maximum sont 10000 pixels en largeur et en hauteur.

Pour un livre broché, les dimensions doivent être calculées strictement en tenant compte du format du livre, du nombre de pages, du choix couleur / noir et blanc et du type de papier. Le plus simple est d'utiliser le calculateur de couverture qui intègre tous ces éléments.

Vous le trouverez dans l'aide en cherchant avec « couverture broché ». Une fois tous les paramètres introduits, vous pouvez télécharger le modèle de couverture qui inclut la couverture, le dos et la quatrième de couverture.

Comment réaliser une couverture

Vous pouvez utiliser le Cover creator soit avec une de vos photos soit avec une image proposée par KDP. C'est facile au début mais cela fait une couverture standard et pas toujours attractive.

Le mieux est de réaliser sa couverture soi-même. Voici une façon de le faire.. Commencez toujours par la couverture du livre papier.

- Choisir une photo : Prenez une photo qui illustre le thème du livre et adaptée au genre. Choisissez la en mode paysage pour couvrir la couverture, le dos et la quatrième de couverture. Utilisez toujours une photo dont vous possédez les droits.

- Calculez dans le calculateur de couverture la dimension de la couverture. Le calculateur de couverture se trouve dans l'aide de KDP. Cherchez « calculateur couverture ».
- Faites le calcul avec type de livre Relié ou Broché, N/B ou Couleur, pages blanches ou crème, dimension du livre, lecture de gauche à droite et le nombre de pages. Notez les dimensions extérieures. Par exemple 10,425 pouces x 9,52 pouces
- Dans votre logiciel de retouche de photos, ouvrez votre image. J'utilise GIMP, logiciel performant et gratuit mais qui demande un peu de temps pour l'apprentissage.
- Recoupez la photo au format de la couverture (format ne veut pas dire dimension) pour respecter le rapport largeur / longueur.
- Avec Image/ taille de l'image, redimensionnez la photo découpée aux dimensions de la couverture obtenue avec le calculateur et sauvez cette image comme couverture en fichier .xcf
- Avec le lettrage, insérez successivement en créant un calque, le titre, éventuellement le sous-titre, l'auteur et la quatrième de couverture. Choisissez des polices, couleurs et format pour que ce soit très lisible. Pensez que votre couverture doit attirer le lecteur potentiel même en format vignette sous Amazon.
- Exportez cette image sous format .pdf pour pouvoir l'intégrer dans KDP.

- Pour la couverture du livre numérique, reprenez le fichier xcf de la couverture et recoupez-le au format désiré. Sauvez-le avec un autre nom en xcf et ensuite exportez-le en .jpg.

Faire réaliser une couverture par un artiste indépendant

Si vous ne vous sentez pas capable de faire une couverture vous-même, il vous reste la possibilité de faire appel à un artiste pour la réaliser.

Savant de prendre contact, réfléchissez à ce que vous désirez en terme de couleur, de titre et le genre de votre livre.

Avez-vous déjà une idée précise ou au contraire souhaitez-vous que l'artiste s'exprime sur base d'un pitch que vous lui donnez ou lui laissez-vous carte blanche.

Vous devez aussi déterminer si vous avez une photo ou image à lui fournir ou si sa prestation comprendra une recherche d'image.

Il vous demandera le titre, le nom de l'auteur, le nombre de pages, le format du livre et le(s) site(s) sur lequel vous souhaitez publier.

Pour un livre papier vous devrez aussi fournir le texte de quatrième de couverture, la biographie de l'auteur et éventuellement une photo.

Décidez aussi si vous souhaitez simplement une couverture pour un e-book, un livre broché ou les deux en même temps.

Il existe encore des options qui tiennent compte du nombre de retouches , du nombre de propositions de couverture.

Pour une couverture de qualité, comptez entre 80 et 150€. Vous trouverez des offres sur le site de comeup.com.

Le résultat que vous devez recevoir sont :

- un fichier JPG pour la couverture numérique,
- un fichier PDF avec la couverture, le dos et la quatrième de couverture pour un livre papier,
- basé sur une image libre de droit et à usage commercial,
- en haute définition de 300dpi,
- ainsi que le fichier source (AI, EPS, PSD ou source Canva).

Ajout de pages dans un livre broché

Quand vous ajoutez des pages dans un livre broché, vous modifiez l'épaisseur du livre. Pour une ou deux pages, cela n'a pas d'importance. Plus le nombre de pages ajouté sera important, plus l'épaisseur du dos va augmenter.

Cela a une influence sur la largeur totale de la couverture et lors du chargement du livre, KDP va rejeter le livre avec un message d'erreur assez sibyllin de ce type :

Supprimez tous les textes du modèle et des guides de votre fichier de couvertures

En fait cela signifie plus clairement que votre fichier de couverture n'est plus assez large.

Pour connaître la dimension exacte allez dans l'aide et recherchez le calculateur de couverture pour déterminer les dimensions correctes de la couverture.

Le titre

Le choix du titre constitue également un élément essentiel d'identification du livre. Au même titre que la couverture, il participe à la reconnaissance du genre.

Les règles pour le choix du titre ne sont pas faciles à exposer.

La première règle est de se donner du temps. C'est bien d'y penser pendant la rédaction et lorsque l'on a une idée de la noter.

On peut aussi travailler avec des mots clés en rapport avec le sujet du livre. Faire des listes, les combiner et les noter.

Ne pas décider en une fois et même si votre titre vous apparaît à un moment ou à un autre, ne considérez pas qu'il est définitif.

Il est bon aussi d'en discuter avec d'autres, de demander leurs avis, de soumettre votre idée. Si vous avez un comité de lecture / relecture, c'est un sujet que vous pouvez aborder avec eux. Retenez quand même qu'en fin de compte, c'est vous qui décidez. Ce livre est le vôtre, vous l'avez mûri, écrit, pensé. Vous êtes donc le mieux placé pour décider in fine.

Enfin, que votre livre soit un roman ou une non-fiction, vérifiez que ce titre n'a pas encore été utilisé. Une recherche sur internet et sur la catégorie « Livres » d'Amazon, vous facilite la tâche. N'allez pas choisir « Autant en emporte le vent », ce titre est universellement connu et pourrait être interprété comme une tromperie.

Enfin sachez qu'il n'y a pas de copyright sur les titres de livres, donc chacun est libre de choisir ce qu'il veut. Par contre, les personnages sont souvent protégés par une marque (n'utilisez donc pas Harry Potter ou Mickey Mouse).

Dernier point, si vous écrivez une série, il est utile d'avoir une mention sur la couverture l'indiquant. Par exemple : Une enquête de l'inspecteur Trucmuche et puis le titre proprement dit. Cela permet aux personnes ayant apprécié une autre exemplaire de la série, de la reconnaître et par la suite de commander le nouvel opus.

Pour les livres qui ne sont pas de fiction (guides, livres pratiques …), l'ajout d'un sous-titre peut aider à comprendre l'objet du livre. Cela aide aussi lors de la recherche par l'internaute et favorise votre référencement.

Dernière règle si vous hésitez entre plusieurs titres : choisissez le plus accrocheur.

La description

La description du livre concerne la présentation que vous allez soumettre à KDP et qui sera visible sur Amazon quand un internaute cliquera sur votre livre.

Il s'agit de présenter votre livre, mais sans raconter l'histoire. Cette description ne doit pas être trop longue pour un roman et consiste à donner le genre et le thème de l'histoire. Il doit surtout donner envie de connaître la suite et ainsi inciter le client potentiel à commander votre livre.

Entre dix et vingt lignes doivent être amplement suffisantes pour cette description. Au-delà, vous risquez de lasser et le client potentiel va passer à autre chose.

Retenez qu'il faut plus donner envie qu'être vendeur. Le lecteur sait très bien que c'est l'auteur qui a écrit cette description ; donc les superlatifs ou appréciations dithyrambiques sur le style sont inutiles. Vous n'êtes pas le vendeur en librairie qui lui est supposé donner un avis objectif.

Enfin, encore deux petits trucs : commencez la description par une accroche forte et qui rapidement donne le genre dans lequel se situe votre livre.

Terminez aussi la description par un appel à l'action. Par exemple :« Ne ratez pas cet excellent thriller qui vous tiendra en haleine du début à la fin ».

En ce qui concerne la forme de la description, n'hésitez pas à utiliser les caractères gras pour mettre en évidence.

Les listes à puces peuvent aussi aider à synthétiser.

L'utilisation de ces deux éléments (caractères gras et listes à puces) donne du relief à votre description.

Une description aérée est plus agréable à lire.

La publication

Comment publier ?

Se créer un compte chez KDP

Cette étape ne suscite pas de difficultés. Il suffit de suivre les instructions en ligne. Retenez bien votre identifiant qui sera nécessaire par la suite. Attention à ne pas créer plusieurs comptes, car c'est un motif d'exclusion par KDP qui ne plaisante pas avec le sujet.

Créer un livre

Pour créer un livre vous partez de la bibliothèque en choisissant de créer un e-book ou un livre papier, appelé broché chez KDP.

Vous passerez par trois pages internet.

- La première comprend les métadonnées ou informations du livre
- La deuxième est relative au contenu du livre et à la couverture.
- La troisième permet de fixer le prix du livre et les marchés sur lesquels il sera vendu.

Notez que l'ordre de publication du livre numérique et du livre papier est indifférent.

Les informations du livre

Vous devez mentionner :

- le titre du livre.
- le sous-titre éventuel
- l'auteur
- La description du livre qui apparaîtra sur la page de vente
- indiquez que vous détenez les droits d'auteurs
- choisissez 7 mots clés ou expression en rapport avec votre livre. Ce choix est important, car il conditionne les livres qui apparaissent lors d'une recherche sur Amazon. Vous pouvez choisir des mots ou de courtes expressions qui décrivent votre livre et son contenu. Il sera toujours possible de les modifier par la suite

> sélectionnez deux catégories correspondant à votre livre.

Pour l'auteur, le titre et le sous-titre, vérifiez bien les données, car vous ne pourrez plus modifier ces données par la suite pour un livre papier.

L'enregistrement du titre est une donnée obligatoire. Vous avez aussi la possibilité d'enregistrer un sous-titre. Souvent, on ne le fait pas en se disant que ce n'est pas nécessaire ou en pensant que l'on n'a pas la place sur la couverture pour indiquer le sous-titre.

C'est une erreur car le sous titre s'inscrit à coté du titre sur la page de vente et donne de l'information supplémentaire au lecteur potentiel.

Quant au manque de place sur la couverture c'est une mauvaise raison car KDP vous laisse la possibilité de fournir votre propre couverture de livre qui ne doit pas nécessairement reprendre le sous-titre.

Pour les mots-clés, employez des séquences de mots qui décrivent le cadre où se passe le récit, le genre du livre, le type de personnage (mère célibataire), le thème de l'intrigue (recherche paternité, drame familial…).

Dans le choix des mots-clés évitez les mots déjà présent dans le titre, le nom de l'auteur ou des expressions subjectives telles que « meilleur livre » ou « nouveau policier ».

Vous ne pouvez utiliser les noms des programmes d'Amazon comme Kindle Unlimited, Kindle Select ou Abonnement Kindle.

Quand vous êtes satisfait des données, cliquez Enregistrez et passez à la page du contenu du livre.

Utiliser un pseudo

Quand on encode le nom de l'auteur, on peut utiliser un pseudonyme comme nom. On appelle cela aussi un nom de plume.

Les raisons peuvent être multiples: désir de conserver l'anonymat, auteur qui écrit dans plusieurs genres.

Choisissez un nom et un prénom différent d'un auteur connu afin d'éviter de créer une confusion. Avant d'arrêter votre choix, vérifiez que ce nom n'est pas celui d'un autre écrivain ou même artiste ou personne connue.

Amazon autorise plusieurs noms de plume pour autant que cela n'apporte pas de confusion et que cela ressemble à un vrai nom. Évitez donc les noms tels que Éditions des Alpes ou Jules Verne.

Le contenu du livre

Ici, vous pouvez charger le contenu du livre. Un epub ou un .doc bien formaté pour un livre numérique ou un .PDF pour un livre papier.

Vous pouvez charger une couverture ou utiliser le Cover Creator de KDP. Pour le Cover Creator vous avez besoin d'une photo libre de droit ou utiliser une photo proposée par KDP.

Dans le cas d'un livre broché, vous avez d'autres choix à faire :

- ➢ soit utiliser l'ISBN d'Amazon, soit utiliser un ISBN que vous avez demandé au préalable.
- ➢ choisir les dimensions du livre
- ➢ sélectionner une couleur de papier et le choix noir et blanc ou couleur (attention la couleur est chère à l'impression)
- ➢ le type de couverture, mat ou brillant. On voit les traces de doigts sur les couvertures mattes.

Quand ces opérations sont terminées, utilisez l'outil de prévisualisation pour voir si le résultat vous convient.

Si ce n'est pas le cas, modifiez le fichier concerné et rechargez-le. Quand tout vous convient, cliquez sur enregistrer et passez à la page des prix et marchés.

Publier en couleurs ou en noir et blanc

Cette question ne se pose en fait que pour un livre papier et n'a d'intérêt que si vous avez de nombreux photos ou dessins dans votre livre.

Le prix de l'impression en couleurs premium est cher et oblige souvent à fixer un prix de vente très élevé qui hypothèque la vente du livre papier.

Depuis peu, KDP propose l'impression en couleur standard au lieu de la couleur premium. La couleur standard est plus abordable mais nécessite un livre d'au moins 72 pages.

Pour fixer les esprits, j'ai réalisé le tableau suivant.

Pages	Impression	Noir et blanc Prix minimum	Prix 5,99 Marge
24	1,90	3,17	1,69
40	1,90	4,17	1,69
50	1,90	5,17	1,69
72	1,90	6,17	1,69
100	1,90	7,17	1,69
150	2,40	4,00	

Pages	Impression	Couleur Std Prix minimum	Prix 9,99 Marge
24			
40			
50			
72	2,83	4,72	3,16
100	3,70	6,17	2,29
150	5,25	8,75	0,74

		Couleur Premium	Prix 9,99

Pages	Impression	Prix minimum	Marge
24	2,40	4,00	3,59
40	2,40	4,00	3,59
50	3,60	6,00	2,39
72	4,92	8,20	1,07
100	6,60	11,00	
150	9,60	16,00	

Il vous présente pour les trois choix noir et blanc, couleur standard et couleur premium, le prix d'impression et le prix de vente minimum ainsi qu'une marge pour un prix fixé arbitrairement. Pour d'autres nombres de pages et d'autres prix, vous pouvez utiliser le calculateur de prix à disposition dans l'aide de KDP.

Les cases vides indiquent des options impossibles en raison d'un nombre de pages insuffisant ou un prix supérieur au prix minimum.

L'option couleur est donc à réserver lorsque ce choix est indispensable (livre sur les fleurs par exemple) et la couleur premium pour des livres courts ou nécessitant un choix qualitatif élevé. C'est un choix entre la qualité et le prix.

Prix et Marchés

Sur cette page, vous sélectionnez le marché principal, en principe la France.

Vous sélectionnez ensuite soit « Tous les marchés », soit une partie d'entre eux.

Peut-être ne comptez-vous publier votre livre qu'en France et au Canada. Ce serait une erreur, car beaucoup d'expatriés désirent trouver des livres dans leur langue maternelle à travers le monde. Ne vous en privez pas.

Sélectionnez le pourcentage de redevance. En principe 70 % pour un livre numérique, sauf si vous voulez un prix inférieur à 2,69€ ou si votre fichier est très volumineux (beaucoup d'images lourdes).

Fixez le prix TVAC pour un numérique, HTVA pour un livre broché. La redevance apparaît en regard.

Quand tout est rempli, choisissez « Publier ».

Vous recevez un message disant que votre livre apparaîtra d'ici 72h en ligne. Un mail vous préviendra une fois que le livre est en ligne.

Créer la version ebook ou brochée

Si vous avez commencé par l'e-book, vous souhaitez créer la version brochée et inversement si vous avez commencé par la version papier.

Retournez dans la bibliothèque où KDP vous propose de créer la version manquante. Cliquez dessus.

Vous arrivez sur la page des métadonnées qui est déjà remplie. Il vous est loisible de la modifier éventuellement.

Passez ensuite à la page du contenu du livre où vous faites les différents choix, chargez le fichier et la couverture.

Contrôlez si tout est conforme à vos souhaits.

Il vous reste enfin à compléter la page des prix et à publier le livre.

Apprentissage

Pour apprendre comment publier sur KDP, je ne peux que vous encourager à lire l'aide de KDP

Aide de KDP

L'aide de KDP est très structurée et vous permet d'apprendre les grandes lignes des pré-requis avant de publier un livre. Elle est divisée en rubriques qu'il vaut mieux suivre dans l'ordre. Son seul défaut, si cela en est un est d'être fort détaillée et au départ on se perd sans doute un peu dans les détails.

Suivez-la pas à pas et prenez quelques notes, cela vous aidera certainement.

Recherche dans l'aide

Dans un deuxième temps, quand vous avez acquis les rudiments, la recherche dans l'aide est précieuse pour apporter des réponses précises à vos questionnements.

La communauté

Enfin, troisième source d'information la Communauté. Il s'agit d'un forum qu'il y a moyen de suivre par grands thèmes. Vous y trouverez des conversations avec les questions d'auteurs et les réponses apportées par les auteurs plus expérimentés.

Ce n'est pas toujours très précis, il y a souvent des redites, parfois quelques empoignades, mais dans l'ensemble, beaucoup de réponses aux questions de base.

N'hésitez pas à y exprimer les problèmes rencontrés et à demander des solutions.

Comme sur tous les forums, la règle de base est la courtoisie. Autant que possible, posez des questions précises et quand une solution a résolu votre problème, signalez-le en réponse, cela pourra ainsi servir à d'autres auteurs qui rencontrent le même problème que vous.

Le forum anglais

Vous remarquerez que le forum en français n'est que modérément actif.

Si vous pratiquez l'anglais, alors le forum anglais est pour vous. Beaucoup de questions, encore plus de réponses. C'est une source inépuisable de renseignements.

Livre numérique et livre papier

Quel type de livre faut-il privilégier ? Franchement, je vous dirai de publier les deux. Ils ont chacun leur lectorat. Il y a bien des genres qui préfèrent le livre numérique et d'autres se vendent mieux en livre traditionnel.

Les gens qui lisent beaucoup apprécient de commander des e-books qu'ils dévorent sur une liseuse. L'e-book permet aussi de participer au programme Kindle Unlimited (KU programme de prêt de livre illimité pour les lecteurs qui souscrivent un abonnement). Par contre, les livres sur des sujets qui ont trait à l'e-book ou à l'auto-édition sont plus lus en format numérique.

D'autres personnes sont réticentes aux livres numériques.

Les livres qui ne se lisent pas qu'une fois et qui sont consultés à plusieurs reprises, ce qui est le cas de la non-fiction, s'accommodent bien du papier.

À vous de voir, je suis persuadé que l'idéal est de publier dans les deux formats. Probablement qu'un type de livre marchera mieux que l'autre.

Il y a des différences importantes entre les deux types de livres. Je vais les expliquer ci-dessous.

Mais avant de relever les différences entre livre numérique et livre broché, je voudrais vous donner un conseil pour simplifier votre travail.

Avant de passer à la production des fichiers à soumettre, soyez sûr que votre manuscrit est parfait, qu'il a été corrigé pour l'orthographe et la grammaire, que la mise en page est terminée et que la relecture est finie et que toutes les modifications ont été apportées.

Une fois tout cela effectué, sauvez votre fichier et créez deux nouvelles versions, une pour l'e-book et une pour le broché que vous mettrez à jour selon les spécifications expliquées ci-dessous.

Le livre numérique

Par définition, l'e-book sera lu sur un support numérique, une liseuse, un téléphone ou une tablette avec un programme adapté. Quand vous préparez le fichier qui sera envoyé à la plateforme de publication, vous ne savez pas sur quel support le livre sera lu. Cela implique que le format du fichier envoyé doit être libre pour s'adapter à tous les supports.

Un livre numérique n'a ainsi pas de pages, mais possède des sections, par exemple les chapitres qui sont délimités par un saut de page à la fin du chapitre et un titre pour le nouveau chapitre.

En dehors de cela, vous ne devez utiliser le retour chariot (touche « entrée ») que pour passer au paragraphe suivant et surtout, évitez tous les autres sauts de page ou retours chariots inutiles qui seraient mal interprétés par les programmes de lecture.

Si vous voulez aérer votre texte, jouez avec les interlignes ou les espacements avant ou après les paragraphes. Il y a aussi moyen de déterminer la hauteur de l'espacement avant les titres.

Comme il n'y a pas de pages, leur numérotation n'a pas de sens pour un e-book.

Si vous avez une table de matières produite par votre traitement de texte, n'oubliez pas de supprimer la numérotation des pages dans la table des matières.

Le choix d'une police n'a pas de sens dans le cadre d'un livre numérique, car le lecteur pourra la modifier à sa guise sur sa liseuse.

Quand vous êtes satisfait du résultat obtenu sauvez votre fichier.

L'idéal serait alors de convertir votre fichier en fichier Epub. Cette possibilité existe dans LibreOffice, mais malheureusement pas dans Word. Les logiciels Calibre et Sigil permettent aussi de faire la conversion au départ d'un fichier .doc.

Une dernière possibilité est aussi de télécharger votre fichier .doc directement dans KDP. Cela donne de bons résultats si vous avez respecté les consignes de formatage expliquées ci-dessus (utilisation des titres, emploi des sauts de pages et pas d'utilisation intempestive des retours chariot …).

Le livre broché

Dans le fichier pour le livre papier, les modifications sont différentes.

Pour un livre papier, il n'est plus question de s'adapter au support. C'est vous l'auto-éditeur qui choisissez le format du livre et un simple fichier PDF suffira pour charger votre livre sur une plateforme d'auto-édition.

Cela signifie que vous pouvez adopter une pagination. Toutes les autres règles de mise en page adoptées pour le livre numérique sont toujours valables.

Par contre, si vous souhaitez que vos chapitres commencent sur une page de droite (appelée belle page), il est nécessaire d'incorporer un saut de page après un chapitre qui se termine sur une page impaire.

Une autre modification à apporter est aussi la largeur des marges. Dans un livre broché, la marge intérieure, celle du côté de la reliure doit être plus large pour assurer un confort de lecture. Rajoutez un demi centimètre à la marge de droite sur les pages de gauche et inversement sur les pages de droite est conseillé.

Quand votre fichier vous semble au point, exportez en .PDF le fichier que vous chargerez sur la plateforme d'autoédition.

Fixation du prix et redevance

La détermination du prix du livre est un élément important de son succès.

Si vous le positionnez trop bas, vous passez à côté de marges intéressantes et trop haut, les ventes ne seront pas au rendez-vous.

Tout d'abord, rappelez-vous que vous êtes dans un environnement extrêmement concurrentiel. Il y a des millions de livres disponibles sur Internet et la majorité d'entre eux sont sur Amazon. Je vous expliquerai en fin de chapitre une méthode pour déterminer un prix de lancement. Mais auparavant, examinons les règles en vigueur en la matière pour le calcul de la redevance qui représente votre rémunération lors de la vente d'un livre.

L'e-book

Lorsque vous introduisez un prix pour un e-book, il s'agit toujours d'un prix TVAC. Pour un e-book, le prix minimum est de 0,89 € et le prix maximum de 215€.

Dans la page de prix de KDP, vous avez aussi le choix entre deux taux de redevance qui sont de 35 et 70 %.

Le taux de 35 % s'applique pour la gamme de prix de 0,89 à 2,68 € et pour les prix au-delà de 10,00 €.

Le taux de 70 % s'applique sur le prix dans la tranche 2,69 à 9,99 €.

Voici la formule de calcul de la redevance :

Pour la redevance à 35 % : Prix HTVA *35 %

Pour la redevance à 70 % : Prix HTVA * 70 % – coûts de livraison.

Les coûts de livraison sont généralement de 0,06 € sauf en cas de fichier très volumineux. Si votre fichier génère des coûts de livraison élevés, regardez s'il n'y a pas lieu de réduire la taille des images.

Voici une simulation des redevances avec les hypothèses suivantes :

Taux de 0,35 jusqu'à 2, 68

Taux de 0,70 ensuite jusqu'à 9,99 € et frais de livraison de 0,06

Taux de 0,35 au-delà de 10,00 € et frais de livraison de 0,06 €.

Prix vente	Redevance
0,69	0,23
0,99	0,33
1,49	0,49
1,99	0,66
2,69	1,74
2,99	1,94
3,99	2,61
4,99	3,27
5,99	3,93
6,99	4,60
7,99	5,26
8,99	5,92
9,99	6,59
10,99	3,62
11,99	3,96

On peut en déduire que la redevance s'effondre au-delà de 9,99 € et que les prix en dessous de 2,69 € laissent peu de redevance. Ces prix bas ne doivent être pratiqués qu'en période de lancement pour donner un bon positionnement au démarrage du produit.

Pour le livre broché

Dans le cas d'un livre papier la formule du calcul de la redevance est la suivante :

Prix de vente HTVA * 60 % − prix d'impression. Le prix d'impression est calculé au moment de l'envoi du fichier à KDP. Jusqu'à 108 pages, il s'agit d'un coût forfaitaire de 1,90 €

en noir et blanc. Il augmente de 0,012€ par page au-delà de 108 pages.

Retenez aussi que les frais d'impression pour des livres en couleur sont très élevés. Ce type d'impression ne doit être retenu que pour des usages où la couleur est indispensable.

Même si vous n'avez qu'une seule page qui contient de la couleur, KDP considère que toutes les pages sont en couleur.

La couverture par contre peut toujours contenir de la couleur même si vous avez retenu une impression en noir et blanc.

Comment déterminer le prix de son livre ?

Voici une méthode simple pour trouver le prix de son livre.

Déterminez la catégorie de livre à laquelle votre publication est la mieux apparentée. Dans cette catégorie, relevez les livres concurrents du vôtre avec leur prix et le nombre de pages. Faites ensuite un tableau avec le nombre de livre par tranche de prix. Faites ce travail séparément pour le livre numérique et le livre papier. Cela devrait donner à peu près ceci.

	ebook	brochés
Nombre	63	51
Prix		
0–0,99	2	
1-1,99	3	
2-2,99	2	
3-3,99	12	
4-4,99	3	2
5-5,99	6	
6-6,99	3	3
7-7,99	1	2
8-8,99	4	2
9-9,99	2	1
10-14,99	3	8
15-19,99	4	12
20-24,99	2	6
25-29,99	1	8
30-34,99		1
35- 44,99	1	2
>45		4

Dans ce tableau, il apparaît que la médiane de prix est entre 3,00 et 3,99€ pour le livre numérique et vers 15,00 pour le livre papier.

Si vous avez un nombre de pages similaire aux livres de cette tranche de prix, vous savez comment fixer le prix de lancement de votre nouvel ouvrage.

N'oubliez pas qu'au lancement votre livre ne bénéficie d'aucune visibilité et donc qu'il risque d'être perdu dans la masse.

Pour cette raison, il est intéressant de le positionner un peu en dessous. Je commencerais à 2,69€ pour le numérique et à 9,99€ pour le broché. Rien ne vous empêche d'ensuite augmenter le prix quand les premières ventes sont réalisées.

L'erreur à ne pas faire

Parfois, certains auteurs pensent qu'ils peuvent fixer un prix élevé car ils ont passé beaucoup de temps à rédiger un livre ; des mois voire parfois des années.

Ce serait une lourde erreur parce que vous êtes dans un marché hyper-concurrentiel. Le client est roi et a le choix avec d'autres livres du même genre ou sur le même sujet. Il achètera celui qui lui semble avoir le meilleur rapport qualité / prix ou le plus d'évaluation ou le plus de pages pour le même prix ou même la plus belle couverture.

Le client se contrefiche du temps que vous avez passé à écrire votre livre. Le livre est un objet de consommation sans égards pour le temps nécessaire pour l'écrire, rassembler la documentation, le corriger, le ré-écrire, réaliser la couverture, passer par les bêta-lecteurs, le mettre en page, le publier, faire sa promotion.

Bref positionnez votre livre en fonction de la concurrence. Ce n'est que si vous avez un écrit unique dans son genre que vous pouvez fixer un prix plus librement en fonction de la rareté et du caractère unique de votre bouquin.

Stratégies de prix

La détermination du prix est parfois un casse-tête pour l'auteur.

Le prix du livre numérique.

Vous avez en fait trois stratégies.

- ➢ Un prix bas, 0,99€ par exemple, aide au lancement. La redevance est basse, mais peut être compensée par des volumes significatifs. Cela positionne votre e-book dans les classements.

- ➢ La deuxième stratégie est un prix compris entre 0,99 et 5,99€. A partir de 2,69€ vous recevez une marge de 70 %, ce qui permet de faire de la publicité. La majorité des livres d'auteurs auto-édités se retrouvent dans cette gamme de prix. Cette stratégie est celle qui fonctionne le mieux.

- ➢ Les prix plus élevés sont réservés aux auteurs connus et aux livres avec un contenu qui le justifie, en général les livres écrits par un auteur qui est un expert ou a une réputation bien établie dans son domaine. Retenez que un prix du livre numérique positionné 30 ou 40 % en-dessous du prix du livre papier ne fonctionne que pour des auteurs réputés qui sortent régulièrement des best sellers.

Une possibilité aussi utilisée par certains auteurs est de proposer l'e-book gratuitement pendant des périodes courtes.

En fait si votre livre participe au programme de prêt de livres (KENP), vous avez droit à cinq jours de mise en avant de votre livre gratuitement. Ces cinq jours peuvent être pris en une fois ou séparément.

Cette stratégie de distribution gratuite est à double tranchant. D'un côté, la distribution de livres gratuits peut vous amener des commentaires et faire connaître le livre. Par ailleurs, vous vous privez peut-être de lecteurs potentiels.

Une stratégie gagnante est d'avoir un livre que vous distribuez gratuitement pour faire connaître d'autres livres déjà publiés.

Si vous avez écrit une série, vendre moins cher le premier livre de la série est intéressant. Si le lecteur accroche, il commandera les suivants pour connaître la suite de l'histoire.

Le prix du livre papier

Le livre papier a un prix plus élevé, car il vous faut couvrir les frais d'impression.

Ceux-ci dépendent du nombre de page du livre et du type d'impression (noir et blanc ou couleurs).

Il n'y a pas de raison qu'un livre papier rapporte moins ou beaucoup plus qu'un livre numérique.

Une première approche est donc de positionner le prix de façon à produire une redevance similaire à celle du livre numérique.

Un prix qui génère une redevance entre 2 et 3 euros est raisonnable.

Après la publication

Combien de temps pour voir son livre ?

KDP annonce un délai de 72 heures soit trois jours. Souvent le délai est plus court, mais en période de surchauffe (mois de décembre, vacances …), cela prend parfois plus de temps. Il faut donc avoir de la patience.

Obtenir une copie de son livre

Un livre numérique

Il y a plusieurs possibilités. Le mieux est de l'acheter, car cela donne un classement à votre livre et améliore ainsi son positionnement dans les recherches.

Au lancement, je donne un prix minimum et achète mon livre numérique. Immédiatement après, je modifie le prix pour indiquer le prix retenu.

Un livre papier

Pour un livre, vous avez plusieurs possibilités :

> ➢ commander un exemplaire auteur. C'est la formule la plus économique, car vous ne payez que les coûts d'impression plus les frais d'envoi. L'inconvénient est le délai qui peut durer jusqu'à six semaines.

> ➢ Comme pour le livre numérique, baissez le prix du livre et commandez-le comme un client. Vous aurez votre livre en deux ou trois jours.

En fait, la commande d'exemplaires auteur est surtout intéressante si vous voulez pratiquer la vente directe dans des salons, librairies ou chez vous. Vous obtenez ainsi des exemplaires à des prix intéressants que vous distribuez vous-même.

Attention aux délais qui peuvent aller jusqu'à six semaines, car Amazon privilégie la vente aux clients. Si vous avez planifié un évènement, soyez suffisamment prévoyant.

Lier le livre numérique et le livre papier

En principe, cela se fait tout seul. Si après trois ou quatre jours, les deux livres ne sont pas liés, envoyez un message à KDP « Contactez-nous » avec les deux numéros ASIN et la demande de lier les deux livres.

Fonction Feuilletez

Sur la page de vente, la possibilité de feuilleter le livre apparaît au-dessus de la couverture du livre.

Ici aussi un délai pouvant aller jusqu'à dix jours est nécessaire pour que cette fonction soit active.

Si elle n'apparaît pas après ce délai, envoyez un message à KDP avec le numéro ASIN.

Cette option laisse apparaître 10 % des pages du livre pour permettre au candidat acheteur de se rendre compte de son contenu. Vous pouvez modifier ce pourcentage en indiquant à KDP la part que vous acceptez que l'acheteur consulte.

Modifier les catégories

Quand vous créez votre livre, vous avez la possibilité de choisir dans les métadonnées des catégories. Faites le soigneusement car cela peut améliorer la visibilité de votre livre à l'occasion des recherches.

Une fois que votre livre est en ligne et qu'une vente a été réalisée, le classement des ventes est activé et des catégories apparaissent sur la page de vente avec votre classement.

Trois catégories sont affichées sur la page de vente en regard de catégories de vente.

Parfois celles-ci sont surprenantes : je me suis retrouvé avec un livre sur les chevaux classé en « livres érotiques ». Comprenne qui pourra.

Il est possible de supprimer des catégories et d'en ajouter. Par défaut, Amazon en crée trois mais vous pouvez en avoir jusqu'à dix.

Profitez-en car cela aide à la recherche de vos livres par les clients potentiels.

Pour trouver les catégories les plus adéquates, examinez les livres de votre genre qui se vendent bien et notez les catégories dans lesquelles ils sont enregistrés.

Certains choisissent des catégories étroites, espérant ainsi se retrouver bien classé. C'est un choix que je ne partage pas.

Comment mettre à jour les catégories

C'est simple : il suffit de cliquez sur « Contactez-nous » dans KDP.

Sélectionnez ensuite « Page produit et Boutique Amazon ».

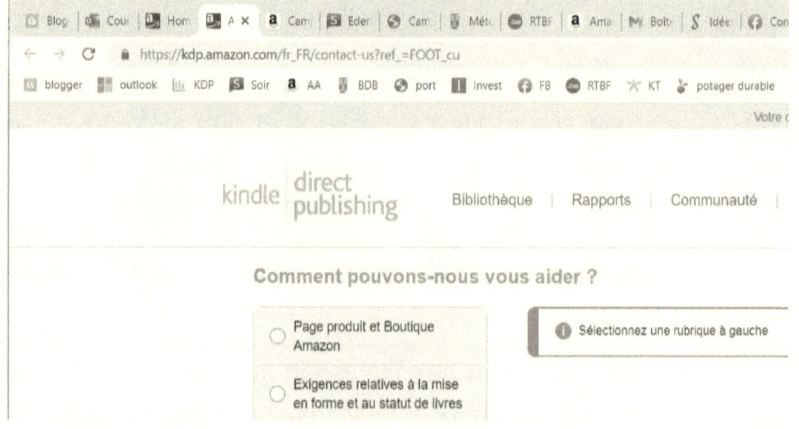

Cliquez sur « Mettre à jour les catégories ».

Dans le message qui apparaît, remplissez le numéro d'ASIN de votre livre ainsi que le marché concerné par la mise à jour.

Ensuite indiquez les catégories à ajouter et celles à supprimer en mentionnant le chemin complet ;

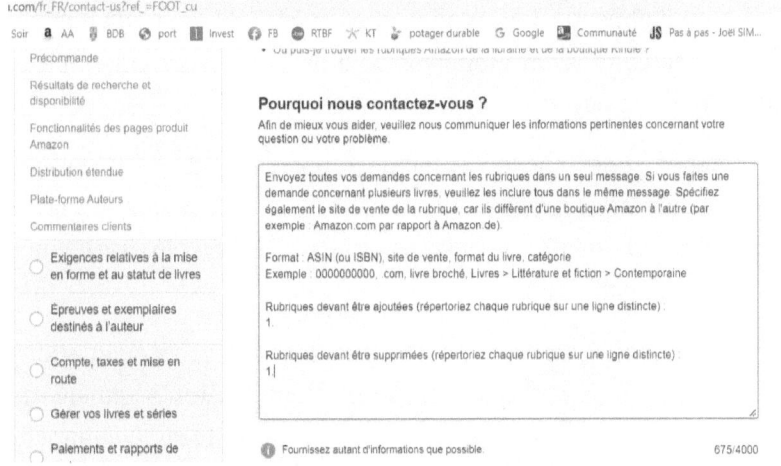

Pour un ebook, par exemple :

‹ Boutique Kindle<Ebooks Kindle<Policier et suspense

Pour un livre broché, par exemple :

‹ Livres‹ Policier et Suspense< Romans policiers <Enquetes de police

Les évaluations

Les évaluations sur Amazon sont attribuées par les lecteurs. Il y en a de deux types : d'une part les commentaires qui sont motivés et assortis d'un nombre d'étoiles de 1 à 5, d'autre part les évaluations qui sont données au départ d'une liseuse et qui ne sont constituées que d'un nombre d'étoiles.

La moyenne de ces étoiles pondérées par leur ancienneté donne une évaluation globale à côté de votre livre ainsi que le nombre d'évaluations.

Retenez une chose, Amazon considère ces évaluations comme un service aux lecteurs et pas à l'auteur. Il n'est d'ailleurs même pas nécessaire d'avoir acheté le livre pour laisser une évaluation.

De votre côté, vous ne pouvez pas demander des évaluations et si Amazon pense que certaines d'entre elles viennent de personnes proches de vous, elles seront rejetées. Comment Amazon détermine la proximité de ces évaluateurs n'est pas clair : même numéro d'ID, relations sur les réseaux sociaux ? Nul ne sait.

La seule condition pour laisser une évaluation est d'avoir dépensé 50€ au cours des douze derniers mois sur Amazon.

Une chose est sûre, les auteurs auto-édités accordent une importance trop importante aux évaluations.

Quand on reçoit une évaluation positive, l'auteur l'accepte avec beaucoup de joie. Il en est autrement en cas d'évaluation négative. Plutôt que de croire que le monde s'écroule, il est certainement plus opportun de se demander si la critique n'est pas fondée et de tenter d'y remédier.

De toute façon ne protestez pas auprès d'Amazon, car à part si la critique est médisante, jamais ils ne retirent une évaluation. Retenez que les critiques sont destinées aux clients pas aux auteurs.

Comment obtenir des évaluations

Ce que vous ne pouvez pas faire

KDP interdit l'achat d'évaluations et même de conditionner l'octroi d'un cadeau à une évaluation. Donc évitez ce type de sollicitation qui est susceptible d'être sanctionnée par une suppression de votre compte.

Les échanges d'évaluations entre auteurs sont aussi interdites.

Ce que vous pouvez faire

Par contre, vous pouvez insérer à la fin de votre livre une invitation à laisser une évaluation.

Si ce livre vous a plu, j'apprécierais de recevoir une évaluation sur Amazon.

Les évaluations sont de plus en plus difficile à recevoir. Je tiens des statistiques sur l'ensemble de mes livres et le rapport entre les ventes et les évaluations et d'une évaluation pour seize ventes.

En ce qui concerne les commentaires, le rapport est de un commentaire pour 86 ventes.

Cela correspond donc au rapport d'un commentaire toutes les cent ventes qui est généralement admis.

Le mieux est probablement de laisser le temps faire son œuvre.

Activer la page auteur

La page Auteur permet de rassembler tous les livres sur une seule page et de se présenter en tant qu'auteur avec une courte biographie et éventuellement une photographie.

La page Auteur n'est pas proposée au départ. Vous devez vous inscrire sur la plate-forme Auteurs.

Pour créer la page Auteur :

- ➢ accédez à la page Marketing depuis votre compte KDP
- ➢ dans la plate-forme Auteurs, sélectionnez dans le menu déroulant le site de vente (FR, Canada, US …) où vous souhaitez créer votre page auteur
- ➢ cliquez sur « Gérer la page auteur »
- ➢ inscrivez-vous sur Amazon Author Central et complétez les différentes informations.

Vous pouvez créer autant de page Auteur que vous avez de noms de plume.

Il ne vous reste plus qu'à rajouter vos livres sur votre page auteur.

Apporter une correction à son livre

Malgré tout le soin apporté à votre livre, il arrive que l'on souhaite y apporter une modification, soit en le complétant, soit en corrigeant une faute d'orthographe ou de mise en page.

Rassurez-vous vous ne devez pas dé-publier votre livre et le republier.

Il suffit en fait de corriger votre manuscrit et ensuite de charger le fichier en faisant une mise à jour du contenu du livre.

KDP vous demandera sans doute de vérifier le nouveau fichier en passant par le stade de la prévisualisation. Ne touchez pas à la couverture si celle-ci n'a pas besoin d'être modifiée.

Ensuite confirmez que vous êtes satisfait du fichier.

Passez à l'étape suivante qui est la page de la mise à jour des prix que vous pouvez éventuellement changer. N'oubliez pas de cliquer sur la zone « Publier » et dans les 24h (maxi 72h) vous recevrez un message de KDP vous informant que votre livre a été mis à jour.

Pendant tout le temps de la mise à jour, votre livre reste disponible à la vente.

Dé-publier un livre

Pourquoi dé-publier un livre ?

Les raisons pour dé-publier un livre sont multiples :

- ➢ livre que vous ne voulez plus vendre
- ➢ livre broché dont vous souhaitez modifier un élément non modifiable tel que la taille, le titre, le nom de l'auteur, le type de papier, la version couleur ou noir et blanc.

Une remarque : la dépublication n'a de sens que pour un livre avec ISBN donc un broché où le lien livre, taille, titre ne peut être modifié qu'en attribuant un nouvel ISBN. Vous avez intérêt à ne pas dé-publier le livre numérique car si vous le faites vous pourrez conserver les évaluations.

Comment dé-publier ?

Vous allez dans la bibliothèque et en regard du livre que vous souhaitez dé-publier, vous cliquez sur les trois points et choisissez « Dé-publier ». Vous confirmez et le livre n'est plus disponible à la vente. Il reste cependant dans le catalogue d'Amazon mais mentionné comme « Indisponible ».

Au fil du temps, il va sombrer dans le classement des ventes et n'apparaîtra plus lors des recherches.

Notez qu'il restera dans votre bibliothèque avec le statut « Dé-publié ».

Si vous souhaitez republier le livre

C'est très simple. Pour l'e-book pas de dépublication, simplement un nouveau fichier.

Pour le broché ou le livre relié, faites une nouvelle publication avec les changements désirés (titre, papier, taille, couleur …). et publiez.

Relier les livres

Une fois le livre papier publié, il vous reste à relier le livre numérique et le livre broché. Soir cela ce fait dans la page auteur ou sinon vous envoyez un mail à KDP avec les deux numéros d'ASIN en demandant de les relier.

Récupérer les évaluations

Grâce au livre numérique, vous récupérez les évaluations reçues avant la dépublication.

Connaître les acheteurs de son livre

Vous avez réalisé les premières ventes de votre livre et aimeriez connaître leurs coordonnées des acheteurs afin de recevoir leur avis sur votre ouvrage ou pour leur communiquer la sortie d'un nouveau livre.

Vous allez être déçu, car Amazon considère que vous êtes l'éditeur mais en aucun cas le vendeur. Les clients sont donc leurs clients et, à ce titre, Amazon ne vous communique donc pas leur coordonnées.

Vous restez cependant libre d'indiquer à la fin de votre livre votre adresse mail ou une page Facebook ou l'adresse de votre site si vous en possédez un.

Il y a cependant peu d'acheteurs qui prennent contact par la suite.

Le piratage du livre

Parfois certains auto-éditeurs constatent que leur livre est mis en vente sur des sites à des prix supérieurs à celui affiché sur Amazon. Immédiatement, ils pensent au piratage.

En fait, il n'en est rien. Il s'agit de personnes qui annoncent le livre sans l'avoir et lorsqu'ils trouvent un client, ils commandent le livre sur Amazon et le font livrer à l'adresse du client. L'auteur du livre perçoit sa redevance normale, ceux qui mettent en vente au prix supérieur encaissent la différence. Les seuls qui sont lésés dans l'histoire sont les clients qui payent un prix exagéré.

Dans l'éventualité où vous transmettez vos livres à d'autres, évitez d'envoyer des livres au format pdf sauf si vous êtes sûr de l'honnêteté des destinataires.

Les livres et la loi

En termes de législation, il y a deux lois à respecter : la loi sur le prix unique en France et l'obligation de dépôt légal.

La loi sur le prix du livre

La loi sur le prix du livre, dite loi Lang date de 1981. Elle instaure un prix unique en France qui doit être imprimé sur la couverture. Le prix unique est fixé par l'éditeur.

Le vendeur peut cependant appliquer une remise de maximum 5 %.

Elle vise à restreindre les pratiques concurrentielles sur le livre et à éviter les discounts agressifs pratiqués par la distribution.

Cette loi ne s'applique qu'au livre neuf et n'est pas d'application sur les livres d'occasion ou les livres soldés.

Le dépôt légal

Le dépôt légal est l'obligation faite aux éditeurs, imprimeurs ou importateurs de déposer un exemplaire de leur livre auprès de la Bibliothèque Nationale de France. L'objectif est de conserver l'ensemble du patrimoine littéraire à des fins scientifiques.

En tant qu'auteur auto-édité, vous êtes l'éditeur et donc responsable du dépôt légal.

Le dépôt légal consiste à envoyer un exemplaire du livre avec le document administratif complété à la Bibliothèque Nationale de France.

Pour les auteurs auto-édités belges, ils doivent envoyer deux exemplaires à la Bibliothèque Royale de Belgique.

Le dépôt dans un pays dispense du dépôt dans les autres pays de vente. Par exemple un auteur belge qui fait le dépôt en Belgique peut vendre en France sans déposer le livre à la Bibliothèque Nationale de France.

La loi sur le prix d'expédition

Le 30 décembre 2021, une loi a été votée en France qui impose un prix minimum d'envoi pour la vente de livres papier en ligne.

Le but de cette loi est de réinstaurer une concurrence plus équilibrée entre les libraires et les grandes plateformes de distribution de livres en ligne.

Les tarifs d'expédition seront fixés par arrêté et ne sont pas encore connus à ce stade.

KENP ou pas ?

Amazon donne la possibilité à ses clients de souscrire un abonnement illimité de lecture (Kindle Unlimited : KU) pour les livres dont l'auteur accepte de participer à ce programme. Il s'agit bien entendu d'un programme pour les e-books qui sont lus sur liseuse ou tablette.

Quand un de vos livres est souscrit par un abonné KU, vous êtes rétribué pour chaque page lue. La rémunération n'est pas très importante de l'ordre de 0,0045 € par page. De plus il ne s'agit pas des pages de votre livre imprimé, mais d'un calcul propre à Amazon qui correspond plus ou moins à une page pour 300 mots.

Cette rémunération est faible. Chaque emprunt améliore cependant votre classement des ventes et la visibilité de votre livre. De ce point de vue, le programme KENP vaut la peine au lancement du livre.

Votre choix de participer est pour une période de trois mois, automatiquement renouvelable sauf action de votre part. Il implique aussi que durant la période de participation de votre e-book à KU, vous ne pouvez pas mettre celui-ci en vente sur une autre plateforme. Cette dernière restriction ne vaut que pour le livre numérique, pas pour le livre broché.

Je recommande de participer au programme au moins pendant le premier trimestre pour soutenir la visibilité de votre livre. Par la suite, il s'agit d'un choix personnel et aussi de votre souhait d'être présent sur plusieurs plateformes.

Je ne crois pas que la participation au programme affecte beaucoup la vente des livres, car il s'agit de publics différents. Les gros lecteurs vont participer au programme KU, tandis que les lecteurs traditionnels achèteront votre e-book. Il n'y a donc pas de cannibalisation d'un public sur l'autre.

Dans certaines catégories de livres (romance, polar ...) l'emprunt de livres connaît beaucoup de succès et cela peut être rémunérateur surtout si vous avez des livres suffisamment longs.

Par contre avec des livres tels que des guides ou d'une manière générale des livres de non fiction, le lecteur souhaite pouvoir le consulter plus souvent. Pour ce dernier type de livre, la participation au programme Kindle Unlimited s'avère moins intéressante.

Interprétation des pages lues avec KENP

Le nombre de pages lues apparaissent dans le tableau de bord des ventes en dessous des livres vendus.

Quand un chiffre de pages lues apparaît, vous ne savez pas s'il s'agit d'un lecteur ou de plusieurs lecteurs. Cinquante pages lues peuvent signifier un lecteur qui a lu 50 pages ou cinquante lecteurs qui ont lu chacun une page du livre.

La mise à jour des statistiques de pages lues se fait au fur et à mesure des connections du support de lecture à internet. Ainsi, les pages lues par un lecteur qui lit hors ligne ne se mettront à jour que lors de sa prochaine connexion.

Saisonnalité des ventes

Il y a trois périodes de fortes ventes dans le secteur du livre.

La première est la rentrée au mois de septembre avec son cortège de nouveautés. Elle concerne plus les auteurs connus et les grandes maisons d'édition. Dans le domaine de l'auto-édition, nous sommes moins concernés.

La deuxième période de ventes intenses concerne la fin d'année avec l'achat de cadeaux pour les fêtes. Cette période commence vers la mi-novembre et se prolonge jusqu'à Noël pour s'interrompre brutalement. Il faut être prêt dès le mois de novembre, car en livres imprimés à la demande (POD : Print On Demand), les délais d'impression augmentent et peuvent monter jusqu'à une semaine pour un délai d'un jour en temps normal.

Enfin, la troisième période de vente a lieu de mi-juin jusqu'en juillet. Il s'agit de la période des vacances d'été où les vacanciers font provision de livres à dévorer durant les congés.

En dehors de ces trois périodes, certaines publications sont aussi dépendantes des saisons : les livres de jardinage se vendent mieux pendant la belle saison. L'automne et l'hiver sont propices aux recettes de cuisine, tandis que l'été favorise l'écoulement les livres de recettes de salades et de barbecue ….

En quoi ces périodes de bonnes ventes nous concernent-elles ?

Si l'auteur vend via une plateforme, il n'a rien de particulier à faire. Cependant, si vous êtes occupé à finaliser un livre, il est préférable de le terminer avant le démarrage de ces périodes. J'éviterais cependant de travailler dans la hâte, particulièrement pour la finalisation du livre qui demande du soin. Un lancement raté est souvent difficile à rattraper par la suite. Il vaut mieux postposer un lancement que de le faire de façon imparfaite.

Le suivi des ventes

Une fois le livre lancé, chaque auteur est anxieux de connaître le succès qu'il rencontre.

Sans vouloir vous décourager, cela prend parfois un certain temps avant d'avoir une première vente, voire un emprunt du livre publié.

Sur KDP, le suivi des ventes est assez facile. Quand vous accédez à KDP, vous arrivez directement dans la bibliothèque ou vos livres apparaissent. Une image de la couverture, les versions (e-book / brochés) publiées, le prix et les actions possibles sur le livre.

À ce stade, ce n'est pas ce qui nous intéresse. Au-dessus de la bibliothèque, vous avez un onglet « Rapports ». Cliquez dessus.

Vous arrivez directement sur le tableau de bord où vos ventes sont représentées par des bâtonnets : orange pour un e-book, gris pour un livre papier et bleu pour un livre gratuit.

La vente d'un livre numérique est enregistrée dès que la commande du livre est enregistrée. Pour l'affichage du montant, un délai de quelques heures est nécessaire.

Pour un livre papier, la vente apparaît après l'expédition du livre simultanément avec le montant. Il y a donc un délai d'environ 24 heures entre la commande et l'expédition. Ce délai peut monter à plusieurs jours durant les périodes de ventes intenses.

Un peu plus bas, vous voyez un tableau avec le nombre de pages empruntées dans le programme KENP (bâtonnets orange) et encore plus bas un tableau avec le montant des ventes par marché (plateforme FR, US, Ca …). Les montants indiqués sont en devises, sauf pour la France, l'Allemagne, l'Espagne et l'Italie où les montants mentionnés sont en euros.

Attention, ce tableau est un tableau glissant sur 30 jours. Passé ce délai, il se décale. Au début, certains auteurs croient que leurs redevances disparaissent. Il n'en est rien, il faut simplement choisir un autre horizon en cliquant sur le triangle à côté des dates. Les options du choix sont :

> semaine en cours

> deux dernières semaines

> mois en cours

- 30 derniers jours
- 90 derniers jours

Il est aussi possible de faire un choix de date à date en cliquant dans le calendrier, mais sans dépasser 90 jours.

Vous avez aussi la possibilité de faire des sélections par plateforme, par auteur (si vous avez plusieurs noms de plume), par format et par titre.

Vous pouvez aussi consulter l'historique (pratique pour voir la tendance, le mois en cours (montre les annulations), les paiements, les pré-commandes, les promotions et les redevances des mois précédents.

C'est assez intuitif. N'hésitez pas à vous promener dans le programme pour découvrir les nombreuses possibilités d'analyse.

Enfin si vous aimez faire vos statistiques vous-même, vous pouvez aussi extraire les données de ventes en utilisant le bouton « Générer le rapport » au bas du tableau de bord des ventes. Vous avez ainsi la possibilité de revoir un rapport incluant les commandes, les ventes et les redevances pour la période choisie. Vous recevez un rapport en Excel que vous traitez selon votre convenance.

Quand êtes-vous payé ?

Le versement sur votre compte est effectué par KDP soixante jours après la fin du mois où les ventes ont été enregistrées.

Si vous avez choisi le mode transfert, le paiement arrivera directement sur votre compte.

Vous pouvez suivre les paiements dans l'onglet Paiements du Rapport des ventes. Les paiements sont listés par ordre chronologique avec un paiement par plateforme de vente. En cliquant sur le paiement vous avez le détail entre livre numérique et papier ainsi que les revenus du prêt de livres.

Les ventes annulées

Il arrive parfois qu'un client d'Amazon ne soit pas satisfait à la réception du livre et qu'il décide de demander l'annulation de la vente. J'ai remarqué que cela se passe plus souvent avec un livre numérique qu'avec un livre papier.

Il est en effet plus facile de retourner un e-book d'un simple clic que d'imprimer une étiquette, d'emballer le livre et d'aller au bureau de poste pour retourner un livre papier.

On peut soupçonner aussi certains clients indélicats, d'acheter le livre numérique, de le lire et de le retourner pour être rembourser. Seul Amazon est à même de traquer ce type de clients.

En cas d'annulation, il n'y a pas de suppression du bâtonnet de vente, mais bien du montant de la redevance.

Pour voir le détail des annulations, il faut cliquer sur mois en cours où vous pourrez voir le détail des ventes et annulation pour le mois en cours et le mois précédent.

Le meilleur moment pour publier

La réponse est simple : quand vous êtes prêt. N'essayez pas de gagner du temps pour publier à une date précise. Le risque est réel que vous allez survoler certaines étapes pour gagner du temps.

Ce n'est pas une bonne approche, car toutes les étapes ont leur importance.

Si vous ne faites pas la relecture, il restera des approximations dans votre livre.

Si vous ne tenez pas compte des commentaires de votre comité de lecture, vous perdez des opportunités d'améliorer votre histoire.

Si la mise en page n'est pas parfaite, vous recevrez des commentaires peu élogieux.

Donc un seul conseil, ne travaillez pas sous pression pour respecter une date butoir.

Maintenant si vous tenez absolument à être prêt pour une certaine date, je vous conseille de faire un rétro-planning. Indiquez sur une ligne du temps, toutes les opérations que vous devez effectuer avant la publication, attribuez à chacune d'elle un délai en jours et examinez si votre planning permet d'atteindre la date de publication envisagée.

En cas de résultat positif, c'est parfait pour autant que vous vous tenez au planning.

Dans le cas contraire, examinez si vous pouvez diminuer certains délais. Soyez réaliste, car il arrive toujours des impondérables, des périodes moins productives. Dans les plannings, il est toujours difficile de rattraper les retards.

Parfois, il vaut mieux être réaliste et reporter la date de publication. Travailler dans la sérénité permet souvent de fournir un résultat de qualité.

Le rôle de KDP

Une fois le livre publié, le plus gros du travail reste à faire.

Vous avez terminé votre travail d'auteur, mais n'oubliez pas que dans l'auto-édition, l'éditeur c'est vous.

Donc tout le travail de promotion du livre, c'est vous qui allez devoir l'assumer.

KDP vous fournit uniquement le support pour que votre fichier manuscrit devienne un livre numérique et / ou broché. Il fournit aussi la plateforme qui lui donne une présence sur internet. KDP ajoute l'infrastructure pour que votre livre puisse être commandé, imprimé s'il s'agit d'un broché. Il encaisse le produit de la vente, se rémunère pour son travail et vous rétribue selon un régime de redevance pré-établi.

En matière de marketing et de promotion des ventes, KDP ne fait quasi rien.

Tout au plus, si vous participez au programme de prêt de livres (KENP), KDP vous donne la possibilité d'offrir votre livre numérique gratuitement pendant cinq jours maximum par trimestre. Cette offre gratuite donne peut-être un peu de visibilité à votre livre et certains espèrent obtenir en retour des évaluations positives.

L'expérience de ceux qui l'ont tenté, et j'en fais partie, est souvent très mitigée : aucune retombée, même si beaucoup de livres sont distribués gratuitement. Cela ne donne pas de visibilité, ni d'évaluations. Les livres distribués gratuitement ne comptent pas pour le classement des ventes.

En dehors de cela Amazon propose un programme de publicité payante appelé « Sponsored Products ». J'y reviendrai par la suite.

Depuis peu, le programme « Sponsored Brands » est mis à disposition sur la plateforme en Europe. Ce programme semble plus adapté à une marque qu'à la vente de livres. Les commentaires sur le forum américain où le programme est à disposition depuis plus longtemps n'indiquent pas d'avantages significatifs par rapport à la publicité.

En conclusion, KDP fait peu pour aider les auteurs en matière de promotion du livre. Autrement dit, il va falloir mettre les mains dans le cambouis pour faire connaître vos livres. Souvent, il apparaît que c'est une tâche que les auteurs n'aiment pas, car les activités de promotion et de marketing diffèrent fortement de l'activité créatrice.

Mon prix de vente a baissé. Pourquoi ?

Un jour vous constaterez peut-être que votre prix de vente a baissé sans que vous n'ayez décidé d'y apporter une modification.

Ne criez pas trop vite à l'injustice et que Amazon a réduit votre marge pour vendre plus.

En fait Amazon comme vendeur peut réduire le prix de vente public, mais doit vous donner votre redevance habituelle.

C'est donc tout bénéfice pour vous car le livre se vendra plus facilement et vous recevrez toujours la même rémunération.

Pourquoi Amazon baisse-t-il le prix ?

Il y a deux raisons qui peuvent motiver Amazon à une baisse de prix :

- soit des invendus. En effet malgré que l'on parle d'impression à la demande, il arrive parfois que des livres soient imprimés à l'avance. S'ils traînent en stock, Amazon veut les écouler en baissant le prix.

- parfois aussi, Amazon pratique une promotion temporaire sur un livre. Il s'agit souvent de livres qui se vendent bien et qu'Amazon souhaite mettre en avant. Profitez-en pour le faire savoir par les réseaux sociaux ou votre site. Il s'agit d'un bon moyen de booster vos ventes.

La promotion du livre

Comme exposé au chapitre précédent, vous avez compris que la promotion du livre vous incombe entièrement.

Le grand enjeu est de faire savoir que votre livre existe et de le faire savoir aux personnes qui seraient susceptibles de l'acheter. Le faire sortir de l'anonymat dans lequel il est plongé sur le site d'Amazon.

Les moyens à votre disposition sont nombreux. À vous de voir ceux qui vous conviennent le mieux.

Le bouche à oreille

C'est la plus simple des méthodes. Dites à vos proches, amis et relations que vous avez écrit un livre, parlez-en à l'entour de vous et ayez l'url du livre ou au moins le titre et votre nom d'auteur à distribuer.

Certains le commanderont, mais soyez conscient que beaucoup de ceux qui vous diront l'avoir acheté n'en ont rien fait. Ne pensez donc pas trop vite que Amazon vous arnaque.

Les réseaux sociaux

Beaucoup y recourent et cela ne peut pas faire de tort d'indiquer sur votre page Facebook la sortie de votre livre.

Il existe aussi des groupes de discussion sur lesquels vous pouvez intervenir. Essayez de trouver des groupes apparentés au genre du livre que vous avez écrit.

Ne postez pas un message du type « Hello, je viens d'écrire un livre. Voici son adresse. Achetez-le »

La promotion se prépare, des semaines à l'avance. Intervenez sur le groupe régulièrement, donnez des avis, parlez de votre projet d'écriture, des satisfactions et des difficultés rencontrées. Partagez avec d'autres et faites vous connaître. Une fois votre livre abouti, signalez-le. En fonction de l'intérêt suscité, vous aurez des réactions. Dans tous les cas, restez positif.

Un site internet ou un blog

Avoir un blog est un moyen intéressant et efficace pour promouvoir son livre, surtout si le thème du blog est en rapport avec l'écriture ou le sujet de votre livre.

Bien évidemment, la construction d'un blog ne s'improvise pas. Il faut beaucoup de temps pour constituer un blog bien suivi et avec une audience importante. Pour qu'il soit connu, il faut l'alimenter régulièrement avec du contenu. Un article par semaine est un minimum au début.

Si vous considérez qu'une période de quatre à six mois est un minimum pour se faire connaître, cela représente de 20 à 30 articles à rédiger, des sujets à trouver, des liens à créer, des images à fournir.

Au début, le travail à fournir est assez conséquent, surtout si c'est votre premier blog.

L'idéal est aussi de collecter des adresses, le plus souvent en offrant un cadeau (par exemple un livre ou une nouvelle rédigée auparavant). Utilisez cette liste pour envoyer une newsletter mensuelle dans laquelle vous reprenez vos articles récents. De cette façon, vous fidélisez vos abonnés.

Évidemment, vous pouvez parler de votre projet, un peu pas trop. L'idée est de susciter l'intérêt, pas de lasser. Éventuellement, diffusez un chapitre avant le lancement.

Bien sûr, c'est un travail conséquent en plus de votre projet d'écriture qui risque de le ralentir.

Un des grands avantages d'un site est de pouvoir constituer un fichier avec les adresses mail de gens qui vous suivent. Le moyen habituel est de proposer un cadeau, par exemple un livre gratuit ou l'abonnement à une newsletter.

Une fois cette liste constituée, vous pouvez communiquer avec les personnes inscrites quand vous organisez un évènement ou pour la sortie d'un livre.

Les mailings

Un mailing quand il est adressé à suffisamment de personnes est un outil intéressant. Ce n'est pas seulement le nombre, mais plutôt la qualité des personnes qui compte.

Si vous prenez 200 personnes au hasard, elles sont moins susceptibles d'être intéressées par votre envoi que si ce sont des personnes qui vous suivent parce qu'elles sont intéressées par vos articles et le sujet de votre blog.

Les foires aux livres

Ce sont des endroits privilégiés pour présenter son ou ses ouvrages.

Vous y rencontrerez des gens intéressés par la lecture et qui souvent cherche un contact avec l'auteur. L'avantage du salon est de pouvoir présenter son livre et dialoguer avec des lecteurs potentiels.

C'est aussi l'occasion de dédicacer le livre le cas échéant.

Bien sûr, un salon signifie aussi des heures de présence, parfois sans beaucoup de contacts, ni de retombées. Il faut parvenir à accrocher le « client » du regard. Avoir un sens inné du relationnel facilite ce type de promotion.

La préparation du salon est certainement importante pour sa réussite. Préparez des marque-page par exemple avec l'adresse de votre site, votre nom, votre adresse mail et les titres de vos livres. Vous laissez ainsi une trace si quelqu'un souhaite vous recontacter par la suite.

Pour vendre sur un salon, il faut bien entendu, disposer de livres en quantité suffisante. Sur KDP, vous avez la possibilité de commander des exemplaires d'auteur au prix d'impression. Vous payerez en plus les frais de livraison. Soyez conscient que le délai de livraison peut parfois monter à cinq ou six semaines, surtout en période de grosses ventes sur Amazon, car les ventes aux clients sont prioritaires par rapport aux commandes d'auteur. Pensez donc à passer vos commandes bien en avance pour ne pas être démuni au moment du salon.

Pensez aussi à la logistique ; bloc-notes, bic et quelques provisions pour ne pas sortir affamé et déshydraté de cette expérience.

Le dépôt en librairie

Si vous avez un bon contact avec votre libraire, il peut être intéressant de lui proposer de laisser quelques livres en consignation. Ici aussi, il s'agit des exemplaires d'auteur décrit précédemment.

Il ne prend aucun risque et vous convenez au préalable d'un pourcentage de rémunération. Un partage à 50 / 50 sur votre marge hors prix d'achat du livre est généralement accepté.

Cela vous impose de passer de temps à autre pour savoir s'il a vendu et le cas échéant de lui faire une facture pour les exemplaires achetés.

Les médias

Aujourd'hui les médias deviennent de plus en plus régionaux : TV locales, journal municipal, radio locale … Ce sont des supports qui cherche à présenter des commerces locaux et des artistes de leur région.

Cela vaut la peine de leur adresser un dossier de presse léger qui contient bien sûr toutes vos coordonnées, une photo de la couverture du livre et un article de présentation de votre dernier livre.

Rédigez cet article non pas comme auteur, mais plutôt comme le ferait un éditeur. Inspirez-vous d'articles similaires parus dans la presse.

Ce qui n'est pas possible sur Amazon

Il manque malheureusement quelques outils de ventes sur Amazon.

Par exemple, il n'est pas possible d'accorder des remises ou de pratiquer des prix barrés. On pourrait imaginer de faire une promotion Saint-Valentin à − 20 % sur les romances. La seule possibilité est de baisser le prix.

Il n'est pas possible non plus de faire des prix pour achats groupés du style : trois achats pour le prix de deux.

Il n'est pas possible non plus d'obtenir les coordonnées des acheteurs de vos livres. Ce sont en fait les clients d'Amazon qui protège leur anonymat.

Si vous voulez constituer des listes d'adresses mail pour réaliser des mailings, il faut obtenir ces adresses par d'autres biais comme un site d'auteur par exemple.

La durée de vie d'un livre

Un livre n'est pas éternel, sauf peut-être les chefs d'œuvre de la littérature.

Cela sous-entend qu'un livre a une durée de livre limitée. La question est de pouvoir l'estimer.

Je crois qu'il faut d'abord faire une distinction entre les romans et les livres de non-fiction.

Les premiers auront une vie plus longue car ils se démodent moins vite que les livres de non-fiction. Pour prolonger la durée de vie de votre roman, rien de tel que d'en écrire un autre et puis un autre et ainsi de suite. L'écriture de nouveaux livres est probablement un gage de votre talent pour les lecteurs.

Encore faut-il que votre style et votre histoire plaisent à un certain public.

Pour les livres de non-fiction, je ferai une distinction entre les thèmes éphémères et ceux plus durable.

Dans les thèmes éphémères, je placerai les sujets où l'évolution des techniques et de leur mise en œuvre varie rapidement. Votre livre au bout de trois quatre ans risque de se démoder. Un livre sur un logiciel aura une durée de vie équivalente à la sortie d'une nouvelle version du programme. Au contraire un livre sur les techniques de jardinage restera au goût du jour plus longtemps.

Pensez à faire une mise à jour de votre ouvrage si les techniques relatives à votre guide évoluent au cours du temps.

Les sujets plus durables sont ceux où l'utilisation du livre apportera une utilité à son acheteur.

Un autre aspect à prendre en compte est certainement la couverture du livre. Les genres et les modes évoluent. Au bout de trois ans, il peut être utile de revoir sa couverture afin de donner un coup de jeune à son livre.

Enfin, si vous faites de la publicité de façon intensive, votre couverture de livre apparaîtra souvent lors des recherches des internautes. Cela risque de créer une lassitude, un effet de déjà vu. Cela ne signifie pas la mort de votre livre mais une érosion des ventes. Ce phénomène sera d'autant plus fort que votre marché est étroit.

Enfin un dernier point à prendre en considération est la concurrence. De nouveaux livres sont publiés chaque année. Comparez les produits de la concurrence avec votre livre. Faut-il revoir le prix, le contenu ?

Les problèmes liés à Amazon

Cela n'arrive pas souvent mais parfois un de vos clients peut connaître une expérience peu satisfaisante avec Amazon : un livre qui arrive déchiré ou mal imprimé ou une erreur de livraison.

Si vous laissez une adresse électronique dans votre livre ou si vous avez un site qui redirige les clients vers Amazon, le client vous contactera peut-être pour se plaindre de la mauvaise expérience rencontrée.

Vous n'avez qu'une seule attitude à avoir dans ce cas. Déplorer la mauvaise expérience du client et lui expliquer que vous êtes l'auteur et qu'il est le client d'Amazon. Proposez-lui de contacter Amazon pour obtenir un remboursement ou un échange selon le choix du client.

La publicité

Un autre moyen de faire connaître son livre est la publicité.

Il existe deux grands canaux : la publicité sur Facebook et celle sur Amazon.

La grande différence entre les deux est que la publicité sur Facebook est envoyée sans vraiment cibler le public et que vous payez pour un nombre de personnes atteintes qu'elles soient intéressées ou non.

Avec Amazon Advertising, votre publicité apparaît selon des critères que vous déterminez. Vous contrôlez donc le ciblage. De plus vous ne payez que si l'internaute à qui elle est adressée, clique sur la publicité. Il marque donc un intérêt pour la couverture de votre livre. Il en résulte que la publicité sur Amazon est largement plus efficace que sur Facebook.

La façon de faire de la publicité sur Amazon n'est pas compliquée. Quand vous faites de la pub sur Amazon vous choisissez des mots clés. Un mot-clé est un groupe de mots en rapport avec votre livre. Lorsqu'un internaute fera une recherche proche de ces mots-clés et si le niveau d'enchère est adéquat, la couverture de votre livre apparaîtra dans le résultat de la recherche. Si cette publicité n'intéresse pas l'internaute, cela ne vous coûte rien. Au contraire, s'il clique dessus, il arrive sur la page de présentation de votre livre et vous êtes débité du montant de l'enchère. S'il commande le livre, vous avez fait une vente supplémentaire.

Dans la publicité Amazon, vous déterminez le montant quotidien maximum que vous acceptez de dépenser ainsi que l'enchère maximum que vous êtes prêt à consacrer. Des enchères inférieures à 0,10 € et un budget quotidien de 1€ donnent de bons résultats.

Il y a moyen de choisir d'autres méthodes que les mots clés.

- ➢ Soit en automatique. Amazon Advertising vous propose des mots-clés et un niveau d'enchère.
- ➢ Soit avec des mots-clés que vous choisissez vous-même.
- ➢ Soit des catégories de livres (science-fiction, polar, romances …) et des titres similaires au vôtre.

La publicité sur Amazon est très efficace. Pour ma part, elle représente 50 % de mes ventes avec un coût moyen par vente de 0,50 €.

Je ne développe pas plus le sujet ici, mais si vous êtes intéressé, je vous invite à regarder le livre que j'ai écrit sur le sujet : **Maîtriser Amazon Advertising : Comment Booster vos Ventes de Livres**. Vous y trouverez tous les conseils pour bien démarrer la publicité avec Amazon Advertising, les stratégies, le suivi des campagnes et les erreurs à ne pas faire.

Les autres canaux de distribution

Jusqu'ici, je vous ai décrit les caractéristiques de la vente sur Amazon via KDP.

Il existe bien sûr d'autres places de marché.

Je citerai principalement Kobo et Bookelis qui sont bien présentes sur le marché francophone.

Pour le livre numérique, vous devez au préalable arrêter le prêt de livre via Kindle Unlimited qui est incompatible avec la distribution du livre numérique sur une autre plateforme.

Pour le livre papier, rien n'empêche de le distribuer directement ailleurs que sur KDP. La seule restriction qu'impose KDP est de ne pas pratiquer un prix inférieur que sur Amazon. S'ils constatent que c'est le cas, Amazon va diminuer votre prix et la redevance pour l'aligner sur le prix inférieur pratiqué.

La distribution étendue

Quand vous avez fixé le prix de votre livre papier, vous avez peut-être remarqué la possibilité de cocher la case « Distribution étendue ». Cela vous donne la possibilité que votre livre soit commandé par chez des libraires qui présentent votre livre dans leur catalogue.

Cette option n'existe cependant que sur les marchés américains et britanniques. Cela peut être intéressant si votre livre est publier en anglais.

La redevance est cependant moindre que lors d'une vente via le site d'Amazon.

Pourquoi publier sur d'autres plateformes ?

KDP Amazon présente de nombreux avantages et à mes yeux reste incontournable pour l'écrivain auto-édité.

- ➢ Grande visibilité des ouvrages sur Amazon,
- ➢ plateforme intégrée pour la publication et la réalisation de la couverture,
- ➢ reporting aisé des ventes,
- ➢ paiement mensuel et sans minimum de déclenchement,
- ➢ pas d'investissement dans un stock de livres
- ➢ diffusion internationale,
- ➢ livraison automatisée et pas chère,

> rémunération décente.

Toutes ces caractéristiques rendent Amazon indispensable pour débuter en auto-édition.

Certains clients sont cependant réticents à utiliser Amazon pour diverses raisons que je ne discuterai pas ici. Chacun est libre de ses convictions.

Il s'agit d'une raison pour adopter des plateformes alternatives pour la diffusion de ses livres.

Ces plateformes font de la diffusion directe comme Amazon, mais certaines proposent vos livres sur d'autres sites tels que la FNAC, Kobo et pleins d'autres sites en France et à l'étranger.

C'est le cas de Bookelis qui offre la distribution internationale des livres numériques moyennant une petite rémunération (baisse de votre redevance en fait). Pour les livres papier, cette distribution étendue est payante avec un tarif dégressif au cours des années.

La distribution étendue de Bookelis s'appelle la distribution Premium : elle permet de faire apparaître votre livre sur les sites suivants : Amazon, Kobo, FNAC, Dilicom, TEA, ePagine, Tolini, Decitre, Relay, Clear passion, Allbrary et Overdrive.

Conditions pour utiliser d'autres plateformes

Elles sont simples.

- Pour diffuser un livre numérique, vous devez retirer votre livre de l'abonnement Kindle chez KDP,
- sur les autres plateformes, vous devez prendre un nouvel ISBN si vous aviez choisi d'utiliser un ISBN fourni par KDP,
- respecter le prix unique du livre pour la diffusion en France.

De mon expérience et de celles d'autres auteurs multi-plateformes, les revenus additionnels sont limités, mais les petits ruisseaux font les grandes rivières. Ce serait donc dommage de se priver de ces revenus additionnels.

J'ai remarqué que ces plateformes de diffusion marchent assez bien au Canada où les livres francophones sont noyés sur la plateforme d'Amazon.

La vente de livres en direct

Vous serez peut-être tenté de vendre vos livres en direct pour augmenter vos marges.

Le livre numérique

Il est nécessaire de disposer d'un site ce qui est un bon moyen pour promouvoir ses livres.

L'adjonction d'un module de vente est assez facile en automatisant avec Payhip et Paypal.

Une autre solution est de demander le paiement préalable avant d'envoyer le livre à l'acheteur par un simple mail. Vérifier cependant que vous envoyez votre livre sous une forme qui ne peut pas être piratée.

Le livre papier

La vente directe de livres papier est aussi possible, mais présente des contraintes liées à l'expédition.

Vous devez avoir un stock de livre qu'il vous faut ensuite emballer, imprimer une étiquette d'envoi et vous rendre à la poste pour l'expédition.

De plus les frais d'affranchissement sont assez élevés et soit sont pris en charge par l'acheteur, soit rognent votre marge.

L'expédition vous permet par contre de dédicacer le livre et d'ajouter un goodie (marque page, signet …) pour laisser un souvenir à l'acheteur.

Ces contraintes me paraissent assez lourdes pour préférer garder la distribution des livres papier par les plateformes. C'est un choix que chacun doit faire en fonction de ses objectifs et qui dépend des volumes en jeu.

Annexe

Exemples en taille 12

Ce texte est écrit en Libération Sérif en taille 12 avec un interligne de 1,15. Vous pouvez ainsi vous faire une idée de ce que cela donne en impression.

Ce texte est écrit en Times New Roman en taille 12 avec un interligne de 1,15. Vous pouvez ainsi vous faire une idée de ce que cela donne en impression.

Ce texte est écrit en Calibri en taille 12 avec un interligne de 1,15. Vous pouvez ainsi vous faire une idée de ce que cela donne en impression.

Ce texte est écrit en Cambria 12 avec un interligne de 1,15. Vous pouvez ainsi vous faire une idée de ce que cela donne en impression.

Ce texte est écrit en Georgia en taille 12 avec un interligne de 1,15. Vous pouvez ainsi vous faire une idée de ce que cela donne en impression.

Ce texte est écrit en Arial en taille 12 avec un interligne de 1,15. Vous pouvez ainsi vous faire une idée de ce que cela donne en impression.

Exemples en taille 11

Ce texte est écrit en Libération Sérif en taille 12 avec un interligne de 1,15. Vous pouvez ainsi vous faire une idée de ce que cela donne en impression.

Ce texte est écrit en Times new Roman en taille 12 avec un interligne de 1,15. Vous pouvez ainsi vous faire une idée de ce que cela donne en impression.

Ce texte est écrit en Calibri en taille 12 avec un interligne de 1,15. Vous pouvez ainsi vous faire une idée de ce que cela donne en impression.

Ce texte est écrit en Cambria 12 avec un interligne de 1,15. Vous pouvez ainsi vous faire une idée de ce que cela donne en impression.

Ce texte est écrit en Georgia en taille 12 avec un interligne de 1,15. Vous pouvez ainsi vous faire une idée de ce que cela donne en impression.

Ce texte est écrit en Arial en taille 11 avec un interligne de 1,15. Vous pouvez ainsi vous faire une idée de ce que cela donne en impression.

Exemples en taille 13

Ce texte est écrit en Libération Sérif en taille 12 avec un interligne de 1,15. Vous pouvez ainsi vous faire une idée de ce que cela donne en impression.

Ce texte est écrit en Times new Roman en taille 12 avec un interligne de 1,15. Vous pouvez ainsi vous faire une idée de ce que cela donne en impression.

Ce texte est écrit en Calibri en taille 12 avec un interligne de 1,15. Vous pouvez ainsi vous faire une idée de ce que cela donne en impression.

Ce texte est écrit en Cambria 12 avec un interligne de 1,15. Vous pouvez ainsi vous faire une idée de ce que cela donne en impression.

Ce texte est écrit en Georgia en taille 12 avec un interligne de 1,15. Vous pouvez ainsi vous faire une idée de ce que cela donne en impression.

Ce texte est écrit en Arial en taille 13 avec un interligne de 1,15. Vous pouvez ainsi vous faire une idée de ce que cela donne en impression.

Exemples en taille 14

Ce texte est écrit en Libération Sérif en taille 12 avec un interligne de 1,15. Vous pouvez ainsi vous faire une idée de ce que cela donne en impression.

Ce texte est écrit en Times new Roman en taille 12 avec un interligne de 1,15. Vous pouvez ainsi vous faire une idée de ce que cela donne en impression.

Ce texte est écrit en Calibri en taille 12 avec un interligne de 1,15. Vous pouvez ainsi vous faire une idée de ce que cela donne en impression.

Ce texte est écrit en Cambria 12 avec un interligne de 1,15. Vous pouvez ainsi vous faire une idée de ce que cela donne en impression.

Ce texte est écrit en Georgia en taille 12 avec un interligne de 1,15. Vous pouvez ainsi vous faire une idée de ce que cela donne en impression.

Ce texte est écrit en Arial en taille 14 avec un interligne de 1,15. Vous pouvez ainsi vous faire une idée de ce que cela donne en impression.

Notes

Notes

Notes

Autres Livres de Patrick Degand

Maîtriser Amazon Advertising : Comment booster la vente de vos livres

Trouver les bons mots-clés pour la publicité de vos livres

Tous droits de reproduction réservés pour tous les pays.

Si vous avez aimé ce livre, n'hésitez pas à le recommander à un ami et à laisser une évaluation sur Amazon.

Le plus grand soin a été apporté à la réalisation de ce livre. Si vous trouvez des imperfections, n'hésitez pas à les communiquer à l'auteur qui pourra ainsi les corriger. Je reste aussi à votre disposition pour toute précision ou conseil que vous souhaiteriez. Écrivez à apilou20@gmail.com

ISBN 9798406496299

www.ingramcontent.com/pod-product-compliance
Lightning Source LLC
Chambersburg PA
CBHW031438210526
45464CB00005B/2248